中信改革发展研究基金会·中国道路丛书·管理

中国与西方的管理学比较

Comparison between Chinese and Western Management

刘迺强◎著

中信出版集团·北京

图书在版编目（CIP）数据

中国与西方的管理学比较/刘迺强著 . -- 北京：
中信出版社，2018.11
ISBN 978-7-5086-9373-6

I. ① 中… II. ① 刘… III . ① 管理学 – 对比研究 – 中
国、西方国家Ⅳ . ① C93

中国版本图书馆 CIP 数据核字（2018）第 193736 号

中国与西方的管理学比较

著　　者: 刘迺强
出版发行: 中信出版集团股份有限公司
　　　　　（北京市朝阳区惠新东街甲 4 号富盛大厦 2 座　邮编　100029）
承 印 者: 北京鹏润伟业印刷有限公司

开　　本: 787mm×1092mm　1/16　　印　张: 12.5　　　字　　数: 189 千字
版　　次: 2018 年 11 月第 1 版　　印　次: 2018 年 11 月第 1 次印刷
广告经营许可证: 京朝工商广字第 8087 号
书　　号: ISBN 978-7-5086-9373-6
定　　价: 42.00 元

"中国道路"丛书学术委员会

"中国道路"丛书编委会

编委会主任：孔　丹

编委会执行主任：季　红

委　员（按姓氏笔画排序）：

王海龙　王晓泉　王湘穗　玛　雅　张　宇　张　桐

欧树军　祝东力　高　梁　陶庆梅　黄　平　彭光谦

韩毓海　强世功　鄢一龙

"中国道路"丛书总序言

  中华人民共和国成立60多年以来，中国一直在探索自己的发展道路。特别是在改革开放30多年的实践中，努力寻求既发挥市场活力，又充分发挥社会主义优势的发展道路。

  改革开放推动了中国的崛起。怎样将中国的发展经验进行系统梳理，构建中国特色的社会主义发展理论体系，让世界理解中国的发展模式？怎样正确总结改革与转型中的经验和教训？怎样正确判断和应对当代世界的诸多问题和未来的挑战，实现中华民族的伟大复兴？这都是对中国理论界的重大挑战。

  为此，我们关注并支持有关中国发展道路的学术中一些有价值的前瞻性研究，并邀集各领域的专家学者，深入研究中国发展与改革中的重大问题。我们将组织编辑和出版反映与中国道路研究有关的成果，用中国理论阐释中国实践的系列丛书。

  "中国道路"丛书的定位是：致力于推动中国特色社会主义道路、制度、模式的研究和理论创新，以此凝聚社会共识，弘扬社会主义核心价值观，促进立足中国实践、通达历史与现实、具有全球视野的中国学派的形成；鼓励和支持跨学科的研究和交流，加大对中国学者原创性理论的推动和传播。

"中国道路"丛书的宗旨是：坚持实事求是，践行中国道路，发展中国学派。

始终如一地坚持实事求是的认识论和方法论。总结中国经验、探讨中国模式，应注重从中国现实而不是从教条出发。正确认识中国的国情，正确认识中国的发展方向，都离不开实事求是的认识论和方法论。一切从实际出发，以实践作为检验真理的标准，通过实践推动认识的发展，这是中国共产党的世纪奋斗历程中反复证明了的正确认识路线。违背它就会受挫失败，遵循它就能攻坚克难。

毛泽东、邓小平是中国道路的探索者和中国学派的开创者，他们的理论创新始终立足于中国的实际，同时因应世界的变化。理论是行动的指南，他们从来不生搬硬套经典理论，而是在中国建设和改革的实践中丰富和发展社会主义理论。我们要继承和发扬这种精神，摒弃无所作为的思想，拒绝照抄照搬的教条主义，只有实践才是真知的源头。"中国道路"丛书将更加注重理论的实践性品格，体现理论与实际紧密结合的鲜明特点。

坚定不移地践行中国道路，也就是在中国共产党领导下的中国特色社会主义道路。我们在经济高速增长的同时，也遇到了来自各方面的理论挑战，例如，将改革开放前后两个历史时期彼此割裂和截然对立的评价；再如，极力推行西方所谓"普世价值"和新自由主义经济理论等错误思潮。道路问题是大是大非问题，我们的改革目标和道路是高度一致的，因而，要始终坚持正确的改革方向。历史和现实都告诉我们，只有社会主义才能救中国，只有社会主义才能发展中国。在百年兴衰、大国博弈的历史背景下，中国从积贫积弱的状态中奋然崛起，成为世界上举足轻重的大国，成就斐然，道路独特。既不走封闭僵化的老路，也不走改旗易帜的邪路，一定要走中国特色的社会主义正路，这是我们唯一正确的选择。

推动社会科学各领域中国学派的建立，应该成为致力于中国道路探讨的有识之士的宏大追求。正确认识历史，正确认识现实，积极促进中国学者原创性理论的研究，那些对西方理论和价值观原教旨式的顶礼膜拜的学风，应当受到鄙夷。古今中外的所有优秀文明成果，我们都应该兼收并蓄，但绝不可泥古不化、泥洋不化，而要在中国道路的实践中融会贯通。以实践创新推动理论创新，以理论创新引导实践创新，从内容到形式，从理论架构到话语体系，一以贯之地奉行这种学术新风。我们相信，通过艰苦探索、努力创新得来的丰硕成果，将会在世界话语体系的竞争中造就立足本土的中国学派。

"中国道路"丛书具有跨学科及综合性强的特点，内容覆盖面较宽，开放性、系统性、包容性较强。其分为学术、智库、纪实专访、实务、译丛等类型，每种类型又涵盖不同类别，例如在学术类中就涵盖文学、历史学、哲学、经济学、政治学、社会学、法学、战略学、传播学等领域。

这是一项需要进行长期努力的理论基础建设工作，这又是一项极其艰巨的系统工程。基础理论建设严重滞后，学术界理论创新观念不足等现状是制约因素之一。然而，当下中国的舆论场，存在思想乱象、理论乱象、舆论乱象，流行着种种不利于社会主义现代化事业和安定团结的错误思潮，迫切需要正面发声。

经过60多年的社会主义道路奠基和30多年的改革开放，我们积累了丰富的实践经验，迫切需要形成中国本土的理论创新和中国话语体系创新，这是树立道路自信、制度自信、理论自信、文化自信，在国际上争取话语权所必须面对的挑战。我们将与了解中国国情，认同中国改革开放发展道路，有担当精神的中国学派，共同推动这项富有战略意义的出版工程。

中信集团在中国改革开放和现代化建设中曾经发挥了独特的作用，它不仅勇于承担大型国有企业经济责任和社会责任，同时也勇于承担政治责任。它不仅是改革开放的先行者，同时也是中国道路的践行者。中信将以历史担当的使命感，来持续推动中国道路出版工程。

2014 年 8 月，中信集团成立了中信改革发展研究基金会，构建平台，凝聚力量，致力于推动中国改革发展问题的研究，并携手中信出版社共同进行"中国道路"丛书的顶层设计。

"中国道路"丛书的学术委员会和编辑委员会，由多学科多领域的专家组成。我们将进行长期的、系统性的工作，努力使"中国道路"丛书成为中国理论创新的孵化器，中国学派的探讨与交流平台，研究问题、建言献策的智库，传播思想、凝聚人心的讲坛。

孔丹

2015年10月25日

目　录

导　言

所有现代管理学的课本都会告诉你，现代管理学始于 20 世纪初泰勒（Taylor）有关工业效率的著作。那就是说，现代管理学是 20 世纪西方文化的产物。那么事实是不是这样呢？西方现代工业的开发与实践仅有一个世纪的经验，这能否证明其先进性？

大部分人对此深信不疑，20 世纪 70 年代末，我国实行改革开放，以各种优惠政策吸引外资，目标之一是引进西方先进的管理经验，这至少说明我们官方承认西方的管理比我国先进。我国少数想弘扬国学的人尝试阐述中国传统管理之道，但始终搔不到痒处，甚至连正面批判西方管理的谬误之处和不足这类基本的功夫都做不到，更谈不上可以系统有力地树立中国管理之道了。

在宏观经济发展方面，我国在短短不到 70 年时间里，从一穷二白到崛起，GDP（国内生产总值）从全球的 2% 上升到今天的超过 20%，成为世界第二大经济体。二战之后，中国经济体量不及印度，但今天中国的经济体量为印度的 5 倍多。

在有可比性的公共管理事件中，2008 年北京奥运会被公认为办得比 2012 年伦敦奥运会更好。在灾难面前，2008 年汶川地震的救灾工作远比 2011 年日本海啸更有效率，2012 年北京在遭遇特大暴雨及洪涝灾害后的处理远优于同年纽约飓风桑迪的善后处理。2011 年的利比亚动乱，我国十几天内撤侨近 3.6 万人，规模之大，是其他国家的总和，效率之高，也冠于各国。

在有可比性的工商管理案例中，2005 年联想收购 IBM（国际商业机器公司）的全球 PC（个人计算机）业务，连 IBM 都干不好的事情，让当年很少人看好的一家中国公司做好了。当年 IBM 占 PC 市场不到 3%，五甲不入，10 年之后联想占到 PC 市场 19.4% 的份额，为全球第一。过去电子商务的旗手长期是美国的 e-Bay（世界性网上购物市场），但阿里巴巴于 2014 年上市时，各项指标都已经超过了 e-Bay。同样道理，我国后来居上的顺丰快递，轻易超越了在物流行业一直名列前茅的美国联邦快递和 DHL（全球知名邮递物流公司）。同样发展历史较短的华为，现在在很多方面也已经超越其竞争对手。

类似上述的经典成功案例还有很多，难道这完全都归功于幸运吗？事实上，西方公认在过去的 2 000 年中，只有最近 200 年中国的经济脱离于世界前列。虽然几千年的成功自有其过人之处，但妄自菲薄不但没有道理，而且还妨碍我们有效总结经验，更好地向前发展。

本书尝试以现代中国式企业的视角考察我国管理之道，并以此批判当前许多流行思维和做法，得出的结论是颠覆性的：原来外国人不仅不懂中国企业的管理方式，而且西方那一套管理方法并不适应后现代经济和社会结构的要求，是死胡同。

当代管理的奥妙就在自家灯火阑珊处，我们又何须浪费精力众里寻它千百度！

1 | 管理的定义和方法

一说到管理，特别是现代管理，大家心里便自然想到"西方"和"工商管理"等字眼，这也难怪，因为在绝大部分中国人心目中，现代性等同于西方，只有来自西方的事物才算现代，谁也不能篡夺。而许多大学都把工商管理和公共管理严格分开，因而各有 MBA（工商管理硕士）和 MPA（公共管理硕士）的不同学位。但是即便在西方，管理学兴起时是没有这种人为分野的。根据彼得·德鲁克的说法，这只是 1930 年之后的事，主要是因为美国"大萧条"导致一般人对企业管理有不良印象，[①] 工商管理本来是贬义词。尽管有很多管理学学者都还在按照旧传统做研究，但迈克尔·波特的经典之作《竞争战略》（*Competitive Strategy*）[②] 已经尝试从战略的角度探索企业和几种可能的竞争模式，之后他把有关理论提升到国家层面[③]，再另外单独探讨战略[④]，最后从战略再回归到企业的社会责任[⑤]。而管理学人人都引用的亚伯拉罕·马斯洛是出名的"人本主义"心理学家（humanistic psychologist），他根本不是研

① Drucker, Peter F.. *The Essential Drucker*, p. 71 – 72, Collins, 2005.

② Porter, M. E.. *Competitive Strategy*, Free Press, New York, 1980.

③ Porter, M. E.. *Competitive Advantage*, Free Press, New York, 1985; Porter, M. E.. "The Competitive Advantage of Nations", Free Press, New York, 1990.

④ Porter, M. E.. "Towards a Dynamic Theory of Strategy", *Strategic Management Journal*, 12（1991 Winter Special Issue）; Porter, M. E.. "What is Strategy", *Harvard Business Review*, Nov/Dec 1996.

⑤ Porter, M. E. & Kramer, M. R.. "Strategy and Society: The Link Between Competitive Advantage and Corporate Social Responsibility", *Harvard Business Review*, December 2006.

究管理学的，可见西方近期人为的二分法基本上不合理，反而局限了我们的思维和探讨。而且，中国人从来都不喜欢碎片化地思考问题，管理就是管理，才不管你管理什么。更重要的是，在中国我们向来只抓做人处世的学问，管理只是枝节，中国人和西方人的思维模式截然不同，这一点我们应该从一开始就需要突出。

总的来说，现代西方的学问是由启蒙运动的理性主义促进了自然科学的发展，社会科学，包括管理学等都无可避免地受到影响，并且其积极向自然科学靠拢，追求精准和量化，同时不断细分，专业化到了碎片化的地步。不少学术论文，全世界只有两三个人会有兴趣，或者看得明白。这种"科学主义"的细分，自有其众所周知的优点，我们应予以必要的肯定，这里不做展开。但万变不离其宗，当一个学科的核心宗旨慢慢被普遍淡忘了之后，它便很容易偏离，一步一步走上歪路。

广义的西方管理学虽然涉猎如人本主义等较为形而上的哲学和管理艺术元素，但其前置性地排斥了哲学的视野与研究方法，仍然遵从理性主义加实证科学的研究规范，只会肤浅地涉及管理艺术元素，特别是人的因素和轻重缓急的拿捏，不能深入到深刻精细的内涵，因而中国传统管理的思路同样被西方科学主义排除于研究视野之外。

固本清源，我们要回归管理学的根源，即普遍性的一般管理学（general administration）。中国管理学的切入点和方法论，大有丰富西方管理学内容和实践的作用。

根据维基百科的定义：在现代，"管理"可被定义为领导和管理所有组织；透过组织、调度和运用各种人力、财务、原料、实体、知识、资产或其他无形资源的活动（包含规划、决策、组织、领导和控制），以有效率且有效用的方式实现组织目标。

根据百度百科的定义：管理是社会组织中，为了实现预期的目标，以人为中心进行的协调活动。它包括 4 方面含义：（1）管理是为了实现组织未来目标的活动；（2）管理的工作本质是协调；（3）管理工作存在于组织中；（4）管理工作的重点是对人进行管理。

管理就是制定，执行，检查和改进。制定就是制定或规定规范、标准、法规等；执行就是按照计划行动，即实施；检查就是将执行的过程或结果与计划进行对比，总结出经验，找出差距；改进首先是推广通过检查总结出的经验，将经验转变为长效机制或新的规定，其次是针对检查发现的问题进行纠正，采取纠正、预防措施。

以上就是人们对管理的普遍理解。与一般印象相反，"管理"并非外来语，我国最迟至明代便已有"管理"这个名词。据说"管，原意为细长而中空之物，其四周被堵塞，中央可通达。使之闭塞为堵，使之通行为疏。'管'就表示有堵有疏、疏堵结合"。① 另说："'管'，我国古代指钥匙，引申为管辖、管制之意，管是法治，是依靠制度规范企业行为，体现着权力的归属。"至于"理"的古义，则较有共识，应该跟玉石的纹有关，是根据玉的纹理而雕琢的意思。我并不认为到了明朝那么晚，我们日常用的语言还会严谨地依循古意，只会据此而引申、发挥，约定俗成。根据一般的阐释："管"就是控制、规范；"理"就是依着规律，理而顺之。很明显，"管"和"理"是两个不同的概念。简而言之，"管"是规范和阻挡去势，"理"是顺势而行，两个意义完全相反的字凑在一起成为一个词，可谓矛盾统一。由此可见，我们中国人谈管理，跟西方所说的管理，根本就是两码事。

这正好符合中国人的思路，是我们处理人、财、事、物的态度和方法。中国人是讲阴阳的，《易经》云："一阴一阳之谓道。"视乎客观的形势和主观的目标，顺势为阴，造势为阳。《礼记·杂记》云："一张一弛，文武之道

---

① 张俊伟. 极简管理——中国式管理操作系统［M］. 北京：机械工业出版社，2013.

也。"中国人认为："物有本末，事有终始，知所先后，则近道矣。"中国人特别爱讲道理，道理道理，先有道才有理。玉石的纹理是道的形成过程的表现。理是柔性，管是刚性，有了理，管才有章可循，因此管之前，先要根据客观规律，定下集体目标，再抓着事物的本末、轻重、缓急，利用他人智慧和能力，完成任务，这才叫作管理。西方的 management 一词源于动词 manage，是负责、完成、控制、应付的意思，充满主观主义，迷信制度至上，只管不理，或者多管少理，失于偏颇。一些企业受到西方管理学的影响，特别是许多大中型企业，一谈到管理，立刻就条件反射地突出一个"管"字，认为重点是要定出种种制度，尤其是要将其细节化、量化，认为只有"管"细才能"管"好。

研究传统中国管理学的人大都明白"管"和"理"的分别，但因为之后的理解不同，便得出"管人理事"以及"管事理人"两个截然相反的结论。之所以如此，是因为对"管"和"理"两个概念的理解过于具体，从而出现分歧。事实上，顶层设计式的大概念一旦具体化后便会失去意义。我们这里坚持以阴阳、刚柔、张弛等较模糊抽象的形容词来形容管理，以中国人本来已有，近百年来更吸收西方滋养而出神入化的辩证逻辑来对待"管"和"理"，因而不存在谁先谁后、谁主谁次的问题，人和事都可以既管又理，既理又管，只有财和物才以管为主。

严格来说，中国从来都没有真正的管理学。所有中国人都是杂家，生下来就受各种思想和宗教的影响，将它们和稀泥似的凑合在一起，拒绝被一家之言垄断，会按不同的环境突出某种适当的倾向。以前，在读书考功名时是学儒家，做起官来学法家，领军学兵家，晚年不得志，又多学佛寻道。同样是处理人、财、事、物，只是环境不同、位置不同、目标不同，手段便不相同，拿捏也很不一样。

中华民族是一个追求实用的民族，讲求"学以致用"，认识世界是为了改变世界。对中国人来说，管理学并非一门单纯分析和客观认识世界的描述性科学（descriptive science），而是具有应用意义的指导性科学（normative science）。经营管理之学，对中国人来说只是处理人、财、事、物的态度和方法。西方虽然有分科之学和形式逻辑的传统，但视野和思路仍然不免被其主观世界蒙蔽，把可以机械式刻板处理的财与物，跟需要随客观环境不断变化，还要加上人与人之间、集团与集团之间博弈的人与事混淆在一起，统一对待。对财与物，要求有严格的规章制度，要尽量一成不变地执行。对人与事，需要因人、因时、因地而做出调整和适应，许多时候不能将谋略和领导简单称为管理。西方管理学大师彼得·德鲁克有句名言："要领导，不要管理。"在这方面，情境领导理论（situational leadership）认为，在不同的处境中上级要有所不同地介入。①

因此，管理根本不是一门科学，而是一门艺术，要求的不光是认知，更重要的是演绎、技巧和拿捏。

西方的科学方法基本上分为两大类：演绎法和归纳法。严格来说，西方管理学的研究方法颇为空疏，两者都谈不上。若论演绎，它抓不到最终几条能引申出所有规律的普适原理；若论实证归纳，它研究的抽样太小，最多是一百数十家企业，而且通常并非随机抽样，不具有科学代表性。20 世纪 80 年代初，著名的麦肯锡公司的顾问汤姆·彼得斯写了一本当时惊世、至今仍被奉为"最伟大"的管理畅销书《追求卓越》（*In Search of Excellence*）②，系统地总结了一些成功企业的共同特点。不幸的是，不久之后，这些企业中的多数都出现了问题，甚至破产，可见此路不通，但不少管理学者至今仍采取这

---

① Hersey, P. and Blanchard. *Management of Organizational Behavior：Utilizing Human Resources* (3rd ed.) *New Jersey/Prentice Hall*, 1977.

② Thomas J. Peters, Robert H. Waterman. *In Search of Excellence, Lessons from Americas's Best-Run Companies.* Harper-Collins, 1982.

种研究方法。这是因为西方受治学方法的局限，不明白因时制宜、因地制宜、因人制宜的道理，管理学者突出的成功典范，往往于不久之后便以失败告终。①

举世称道的哈佛大学个案研究方法——这种研究方法不求统计上的代表性，目标在于寻找一些成功的典范，通过解构，总结经验，提炼出成败的要素，并设法对它仿效，将它复制。这种方法十分实用，但只属于低层次的工具，事实上就是我国早在数十年前便已推广的"抓典型""解剖麻雀"等方法，我们随便一个基层干部都已掌握，并称之为方法论，这足以反映西方在思路上的贫乏。美国弗吉尼亚大学达顿商学院教授陈明哲提出管理学的四层次，哲理文化为首，系统制度为次，经验案例居三，工具指标为末。2013 年，哈佛大学最受欢迎的课程排名第三是中国国学，教《易经》也可以加分。这里我们依循我国的传统，只讲大道理和一些古今中外行之有效的指导性原则，所谓"一理通，百理明"，"运用之妙，存乎一心"。说到底，一到运用的层面，关键就在于拿捏，管理是艺术，不是什么科学。中国学习西方，正是要避开本末倒置的弊病。

本书主要集中探讨广义的管理学，但使用的例子较多来自企业，因为这是我个人经验之所在，我只管理过企业、政治团体、NGO（非政府组织）等，在地方及国家层面，我的参与只在参政议政的层面，还未直接掌管过公共事务。具体而言，企业管理的确有其不同的侧重点。比如，企业可以做入职筛选和解雇，把绝大部分人和事排除于系统之外，只搞好自己的一亩三分地，自扫门前雪。但公共管理则不能有这样的考虑，因为绝大部分人民的资格都是天生的，无须选择，即便一些人做出各种不同程度的反社会行为，绝大部

---

① 安然事件是一个很有名的例子，汤姆在《追求卓越》中把它捧上天，在问题暴露了之后，才发现那完全是一个大骗局。

分情况之下也都不能剥夺他的国民资格，大不了只能短期剥夺其某些权利，把他关起来，跟主流社会隔离。本书虽然有涉猎公共管理的地方，但重点还是企业管理。

2 | **对西方管理学的批判**

在二战之后，西方的管理学有了长足发展，与此同时，也把西方社会的公共管理和工商管理都带入社会贫富悬殊、严重失衡的不归之路，并且导致2008年突然出现经济危机却无法做出正确应对，终于爆发政治、社会、文化整体性的危机，西方文化的弱点已暴露无遗，西方快速进入下降轨迹，而无力自我修正和完善。这同时也促发我们对传统文化做出重新检视和肯定，包括我国的管理理念。这些观点在西方文化危机还未显现的几年之前，几乎没有几个人会知道，知道了也不会懂，更不会接受。

从人类文明的发展中可以看出，在一开始时思考问题都是从具体到抽象，最后总结出一些形而上的概念。最高层次的学问在西方叫作哲学，因而到今天博士依然叫作Ph.D，亦即哲学博士。西方文明的一个主流阵地是古希腊，①那里出了伟大的哲学家亚里士多德，产生了形而上学，衍生了逻辑学、分类学，影响了数千年西方人的思维模式。罗马帝国在我国北朝的北魏年代，即公元476年至公元480年，被我们战败的匈奴败军灭亡，西方进入接近1 000年战乱不休、文化停滞不前的"中世纪"或"黑暗世纪"，直到我国明朝初期，即公元1453年，东罗马帝国（又名拜占庭帝国）被奥斯曼帝国灭了之后，欧洲得到阿拉伯文明的滋养，才开始"文艺复兴"。

---

① 另一个主流是犹太文化。两者长期合流，成为西方文化传统主流，我称之为希腊——犹太文化（Judeo-Hellenistic Culture）。早期的基督教，就是之前流行的希腊化犹太主义的产物。

"文艺复兴"之后，从 17 世纪末期开始的"启蒙时期"，理性主义在西方抬头，受到当时伊斯兰文化的影响，人们在研究自然事物中逐渐整理出一套比较严谨的方法，便产生了科学这一显学。Science 这个词源于拉丁文 *Scientia*，意为"知识""学问"，在近代则为侧重于自然的学问。但 18 世纪社会和人文学科处于萌芽时期，人们大都取法科学方法，力求找出一套系统严谨的普适法则。日本人在 19 世纪初接触西方文明时，开始把 science 翻译为"科学"，这一外来语于晚清时期传入中国。前人把这个西方的概念翻译为"科学"很有意思，这译名颇能从另外一个角度反映西方学问就是分科之学，把知识不断按科目细分的一个体系，属于化约主义（reductionism）的思路。

心理学家通常会发现，即使是出生并成长于外国的华侨，对事物都会有比较全面（holistic）的把握，这种性格上的特质也是由来有自的。中国人与西方人之所以逻辑思维不一样，是因为有其历史根源，最早大概可以远溯到《易经》。这本被公认为我国古代智慧最高峰的产物，至今仍被中国人视为圭臬，其中的道理很抽象，名词定义模糊不清，没有几个人能真正读懂，但也从没有人敢挑战它。它不像亚里士多德的学说，几千年来已经受到无数后人的批判和挑战。这是因为西方的学问讲求形式逻辑和机械性的规律，可以按部就班地学习，而在中国做学问要靠文化氛围、个人修养和悟性，属于艺术活儿，光靠勤奋没用。据说美国西点军校多年前已经开始教授《孙子兵法》，但看美国人打仗，根本就是对《孙子兵法》一窍不通，他们毕竟缺乏中国的文化底蕴，因此并不容易读得通《孙子兵法》。

另外，对于中西医的比较最能说明问题。我们看西医，先要确定挂哪个专科，对于病人来说，这是十分困扰和苦恼的事。事实上，在西方的知识架构中，如何根据病情做正确分科，这本身也是一门学问，在香港这叫作"普通科"，有别于专门诊治某一种病的专科。在香港，病人一般先看普通科医生，得到初步的诊断和治疗，如果解决不了问题，再由普通科转介给有关的专科医生。与西医相比较，中医认为病名只不过是一堆病症的通称，重要的是辨证论治，要看病症背后是什么系统性问题，因此，不能只"头痛医头，脚痛医脚"。今天，中国内地的中医西化了之后，才开始做较严格的分科，所以西方有些人认为这已经不再是"传统中国医学"（Traditional Chinese Medicine）了。在治疗方面也一样，西药总是一样归一样，有具体的化学名称，有精确的分量，什么地方有病症、是什么病，就通过药的某一机理作用，治那个病症、那个病。中药就复杂得多了，一服中药就是十几二十种药材，即便是《汤头歌诀》的常用种子药方，也要有"君、臣、佐、使"的基本搭配，是一个系统性的解决方案，而且某一药方又可以治疗好几种外行人看来似乎毫不相关的病，很难像西医那么简单、说得清道理所在。光是一味"小柴胡汤"，稍作加减，似乎从治外感到抗肿瘤都十分有效，足以钻研一辈子。

被称为"地产大王"的潘石屹还有其他方面的有趣观察："在饮食方面，东方人会用各种材料来煲粥煲汤，有八宝粥，有佛跳墙，有杂碎汤，各种炒菜中都可以配上肉。西餐用的材料就单一得多，烤牛肉、烤羊肉，肉是肉，菜是菜。在城市的规划和建设上，西方有《雅典宪章》，城市被分成功能区来规划和建设，生活在城市中的人，每天奔波在几个功能区之间，造成了今天绝大多数城市的交通拥堵。"①

把问题简单精细地界定后再聚焦应对，是西方标准的解决问题的模式（problem solving mode）。这是一种单向思维的模式，背后假定的是我们主观设定的欲望（目标）是正确的，并且凭我们的主观意志循着既定的方向努力，最终一定会成功达成目标。我们许多人深受西方教育的影响，以为这样做是积极思维（positive thinking），很有效率，很了不起。其实，在思维上，它假定人定胜天，英雄造时势，属于主观唯心主义；在方法上，这恰恰就犯了

---

① 参见 http://big5. china. com. cn/zhuanti2005/txt/2006－04/20/content_6186154. htm.

"头痛医头，脚痛医脚"的错误。殊不知社会的事物，包括管理学所面对的各种问题，大都是一个整体的某一部分。问题的出现，既有偶然的原因，也有必然的原因，许多时候不可能彻底解决，也未必需要彻底解决。所谓"一法立，一弊生"，解决了一个问题，又会有其他的问题产生，解决了一个部分的问题，也许其他部分的问题又突出了。因此，许多时候问题是不可能彻底解决的，往往越解决越复杂。我们国家学了西方那一套，抓问题许多时候只抓问题的一个方面，结果是"共产党，像太阳，照到哪里哪里亮""一抓就死，一死就放，一放就活，一活就乱，一乱就抓"，出现了不少折腾和反复，也付出了很高代价。

近年来，我国更是将什么都冠上"科学"的帽子，从纯西方的观点来看这已经成了泛科学化，跟西方"分科之学"的内涵分歧越来越大。比如，已经写进党章中的"科学发展观"："第一要义是发展，核心是以人为本，基本要求是全面协调可持续，根本方法是统筹兼顾。"对此，外国人大都会看得一头雾水，起码不会认为这与他们观念中的"科学"扯得上关系。但是我国受过初中教育的人对此完全没有理解上的困难，而且至今还未有学者、专家挑战过它的"科学"性。由此可见，中国人对"科学"的理解跟西方人是很不一样的。

这是因为西方主流认识论用的是形式逻辑，而我们中国人习惯的却是辩证逻辑。中国人明白我们碰到的问题只是系统性毛病的表征，表征需要快速处理，但是我们要"透过现象看本质"，真正解决问题更重要的是处理系统性毛病。而处理的方法、目标在于维持系统的整体平衡和顺畅运作，未必一定要把局部问题解决，许多时候甚至无须刻意把病原彻底清除；正确的处理方法是通过审时度势，因时制宜、因地制宜、因人制宜，或松或紧、或刚或柔、或堵或泄、或解或化，有时或许要搁一下、拖一下，这才是处理人、财、事、物的应有态度。这是高超的管理艺术，也是中国特色的王道管理学。

西方管理学的贫乏还有另外一个同样重要的原因。任何社会现象，都是"路径依赖"（path dependence），它的存在和合理性很大一部分源于它是从上一阶段发展下来的结果。通过这样的一步一步回溯，我们会发觉，西方管理学的源头之久远可追溯到古老的奴隶制。① 西方文化中的"个人"，说到底仍然是上帝的奴仆，束缚于跟上帝缔结的合约（covenant）之下，要称上帝为"主"（Lord）。

作为一种生产制度，奴隶制在西方的特质就是封建农奴主对于农奴有不完全的人身占有权，可以任意处罚、买卖、抵押和转让。农奴没有独立的人格和意志，因而不具有法律、政治和经济权利。奴隶要绝对服从奴隶主，好让奴隶主随意剥削，为所欲为。奴隶主靠铁链、枷锁、殴打、砍首、剁脚、杀戮等各种残忍手段逼迫奴隶为自己出苦力，并相互自由买卖，把奴隶当牲畜一样对待。对奴隶做最小的投入，获得最大的产出，奴隶主的投资就能得到最高的回报，这就是奴隶制的运作逻辑。如果奴隶生病，或因年老而劳动力下降，奴隶主甚至会考虑放弃治疗、不提供食物，宁愿买新的奴隶替代。

在西方，古希腊是一个标准的奴隶社会，它高度的物质和精神文明建基于大量奴隶的无偿劳动之上。之后出现的罗马帝国，也同样是奴隶社会，富有的奴隶主拥有数以万计的奴隶。② 西方的奴隶制数千年来并没有间断，一路承继下来直到现代，西方早已习惯了大量使用奴隶进行生产。美国以奴隶制立国，其国父们都是大地主、大奴隶主。南北战争结束之后，统一了美国的北方政府于 1865 年年底通过修改宪法，正式废除奴隶制。但是全球性的禁止奴隶制，还有待二战之后，于 1948 年联合国通过《人权宣言》来实现。

---

① Katie Johnston. *The Messy Link Between Slave Owners and Modern Management*. http：//hbswk. hbs. edu/item/7182. html.

② Slavery in Ancient Rome. http：//www. richeast. org/htwm/greeks/romans/slavery/slavery2. html.

西方的另外一个管理传统是其两千年来不断的战争。管理士兵的手法跟管理奴隶相差不多，事实上，古罗马帝国就有大量奴隶兵。长期以来，奴隶就是西方的通货，直到现代，西方频繁的战争就是为了产生和拥有更多奴隶。资本主义的出现跟战争和奴隶有着不可分割的关系。[①]

18世纪，西方主要是英国随着美国奴隶贸易的兴旺，带来巨额利润和大量廉价农产品原材料，加上正好科技发展成熟，可以用大规模的机器代替人力，因而产生了工业革命。[②] 初期产业工人的管理方法，便很自然地承袭自奴隶管理和类似的军事管理，把工人当作奴隶/士兵，或者作为奴隶/士兵代替品的机器来看待。因为奴隶的工作积极性不高，需要严加监督，所以最适宜做简单和重复性的工作。事实上，初期的生产线是模仿当时甘蔗种植园中流行的"套队制"（gang system）。[③] 做复杂和质量要求高的工作非奴隶的强项，因此西方长期存在着少数的自由工匠以生产精品为主，他们通常自雇，不受管理。

工业革命的结果导致：大规模的生产要求大规模的消费，因而一些国家需要向外扩张，开拓市场、掠夺资源以偿还连绵不绝的战争所欠下的国债。从葡萄牙、荷兰到今日的美国，西方的强国崛起都是走同样的帝国主义扩张路线，它背后的所谓"军工综合体"（military industrial complex）以至金融帝国主义，都是以少数的"投资者"（奴隶主）的利益为中心向外延伸的，仅留存小部分剩余利益以维持被剥削者（奴隶）继续生活和工作，从而维持整个系统的运转。二战之后，因战争占领所产生的现代民族国家，可以使集中

---

① 参见韩毓海的《五百年来谁著史》和《一篇读罢头飞雪，重读马克思》。

② Robin Blackburn. *Enslavement and Industrialization*. BBC. http：//www.bbc.co.uk/history/british/abolition/industrialisation_article_01.shtml Brandon Dupont, *Slavery and Industrial Revolution*. http：//economicincubator.com/slavery-and-the-industrial-revolution/.

③ 参见 http：//en.wikipedia.org/wiki/Slavery#Economics.

的资本无限自由地在全球流通，但分散的劳工却要被围困在国界藩篱之内，西方工业国家以战胜国的地位对广大第三世界人民扮演着当年的希腊和罗马对奴隶的剥削的角色。可见，西方的物质文明和精神文明像几千年前一样，仍然是以牺牲广大奴隶利益为代价而建立起来的。

可以说，西方文明在现代的兴起，以至西方管理学的整个思路基础都是基于奴隶制，把人当作奴隶、士兵或者机器来管理。20 世纪初，"科学管理之父"泰勒用马表定时器来研究如何提高生产效率。他认为，工人是"只有身体，没有脑袋"的机器。泰勒的效率理念和后来衍生的福特流水线生产方式，据说连列宁和托洛茨基都十分欣赏。① 万变不离其宗，西方管理就是建立于剥削之上，以最低的成本（工资）要求工人尽量长时间做重复性工作，从而获得最大的产出。

我国奴隶社会是从公元前 21 世纪夏朝建立而开始的，奴隶主要来源于从敌方俘虏的平民，也有因犯罪被贬为奴隶的。公元前 770 年至公元前 476 年的春秋时期，由于出现了铁器和牛耕等生产工具，生产力提高，私田增多，促使以奴隶制与国有土地为基础的井田制逐步瓦解，主奴之间的人身依附关系逐渐被削弱，奴隶制走向崩溃。春秋时期结束到战国时期开始，基本就没有了奴隶制，奴隶制逐步被更先进的封建制度替代。战国之后，虽然依然有大量奴隶存在，但之后的奴隶主要来源于土地兼并和为躲避战乱、投靠大庄园主的私属。清朝初期也对汉人实行了奴隶制，至雍正年间才被废止。

我国历来都崇尚自由，平等，博爱。战国以后，农奴已经不再存在，中国主要的农民是自耕农，佃农只占很小的比例，在政治上是自由民众。自秦朝以来，中国已经制定出十分完善和统一的法律体系，法律面前人人平等的

---

① Duff McDonald. *The Firm*, *the Story of Mckinsey and Its Secret Influence on American Business*, P. 26. Simon & Schuster, 2013.

理念在商鞅治秦的时代已经确立,所谓"王子犯法与庶民同罪",在之后的朝代都得以不同程度的实现。① 中国封建世袭制在春秋战国时代开始式微,被自荐或推荐等方法取代。到汉朝初期,地方官员开始向中央推荐人才。公元 7 世纪初,隋朝建立了中国的科举制度,持续了 1 300 多年,至晚清 1905 年才结束,人民的向上流动机会尤为平等,产生了"将相本无种,男儿当自强""万般皆下品,唯有读书高"的民风。至于博爱,孔子"仁者爱人"的思想自汉武帝独尊儒术以后,一直主导着中国的主流社会。

在我们的印象中,自由、平等、博爱这些理念诞生在 18 世纪末期的法国大革命,并从西方传到中国。然而历史的真相是,这些理念其实源自中国。我国的奴隶自战国开始已经不再是生产者,而主要是家庭服务者,奴隶制作为一种生产制度,已经终结了近 2 500 年,从这么多年的自由人环境中,才有"将相本无种,男儿当自强"的真正的自由平等思想。17—18 世纪,欧洲还处于封建农奴制社会,中华文明理念启发了一批欧洲启蒙思想家,如伏尔泰、莱布尼茨、霍尔巴赫、魁奈、歌德等。伏尔泰狂热地崇拜中国,他宣称:"商人发现东方可追求财富,而哲学家则在东方发现了一个崭新的精神世界。""我全神贯注地读孔子的这些著作,从中吸取了精华,孔子的书中全部是最纯洁的道德,在这个地球上最幸福的、最值得尊敬的时代,就是人们遵从孔子规范的时代,在道德上欧洲人应当成为中国人的徒弟。"②

由此可见,中华文明影响西方已有历史的见证,而之后西方文明对中华文明的反影响是一种回响。我国于 1840 年之后不断被西方列强和归化了西方野蛮文化的日本打败,开始时为求生存,"师夷长技以制夷",但仍讲究"中

---

① 任锋. 重温我们的宪制传统. http://www.rujiazg.com/article/id/4548/.

② 中国大时局 2014. 中华文明:欧洲启蒙运动的思想之源. http://ntt.nbd.com.cn/articles/2013-12-20/796819.html.

学为体，西学为用"。改革开放以后，随着我国经济的发展，综合国力的提升，中国人重拾民族自信，开始重新确立自己的坐标。

与欧洲封建贵族世世代代垄断政治权利，封建农奴人身依附于奴隶主、永无翻身之日的政治制度相比，中国的文化传承不可同日而语。一些西方的主流学者千方百计地找借口把这种剥削合理化，并给予理论包装。政治学者王绍光深刻分析了这种现象，他说："一旦产权定了，资本家就可以决定这个工厂的事情怎么办，但是另一种理论讲人权比产权重要。哪怕政治上的领导者是选出来的，但是资本家不是选出来的，资本家做的决定会影响一个企业几百人、几千人的命运，把一个人开除可以影响一家人的生计。资本家的决策权为什么不应该受到工人参与的制约？这是毫无道理的。一些知识分子把产权说成天经地义的事情，参与经济和社会决策过程的人权反而不是天经地义的。"

"我们讲经济民主，就是说，所有利益相关者都可以在与他们利益相关的地方有发言权、有参与权，一个企业如何发展不光是老板有权力决定，普通的工人也是利益相关者，甚至该企业周围居住的居民也是利益相关者。例如排污，你可能影响到工厂周围的居民，或者你在上游排污，下游的企业也是你的利益相关者，所以利益相关者远不是几个投资者而已。而产权理论就是讲我们的企业是老板的，他做任何决策都是理所应当的，有些经济学家就来证明为什么应该是这个样子，这完全是为剥削辩护。"① 说白了，西方至今还没有完全从其数千年传承下来的奴隶制中解放出来。

经济发展的趋势重点是由第一产业向第二产业，再向第三产业转移。现代经济中，第三产业的比重日益提高。服务业跟工业很不同的地方在于：缺

---

① 历史的逻辑与知识分子命运的变迁——王绍光博士专访. http：// www. globalview. cn/ReadNews. asp？NewsID = 13622.

乏一个完全受控制的工作环境，工作的重复性较低，对前线工作者能随机应变的自主决策能力的要求较高。西方由于缺乏把人当作人管理的经验，因而发展到第三产业占 GDP 比重越高，白领工作者，亦即彼得·德鲁克所说的"知识工作者"（knowledge worker）占工人比例越高的时候，便疲态毕露。对于基本上从小便不愁衣食、不怕失业的 80 后和比他们更加娇嫩的后辈来说，依靠操控工人生存和安稳权利的奴隶管理思路更是一筹莫展，一塌糊涂。即便是第二产业，在当代信息社会中，随着科技的发展，大数据分析、3D 印刷和机器人等新科技新工具的出现、提升和普及，产业的分布、信息的采集与传播、决策的制定及执行、质量的保证、风险的评估和规避等，从实物研发、设计到生产，都全面改观，生产线式的管理方式，团队成员之间的分工与合作，以及组织结构和管理模式被彻底颠覆。源自奴隶/士兵/机器管理的西方管理手段已经被证明越来越不管用。

西方某些学者和管理学专家已经开始觉醒，20 世纪 60 年代亚伯拉罕·马斯洛等的"人本主义"思想对管理学产生了冲击，出现了"X 理论"与"Y 理论"的争论，[1] 但它们并未成为主流。而当今对西方管理学影响最大的两大门派：一派是彼得·德鲁克提出的"目标及自我管理"，[2] 只是他的徒子徒孙们把当中的人本主义成分抽离和阉割了，简化和普及为著名的"目标管理"，并量化为绩效考核，造成组织及其各部门都被一大堆由上而下层压式的外在目标约束。另一派是 20 世纪 80 年代美国从日本嫁接过来，据说是源自我国"两参一改三结合"的企业文化派管理，[3] 但橘越淮为枳，到了美国便只剩下空洞的做门面功夫的"使命宣言"和可以量化的全面质量管理，甚至再系统

---

[1] McGregor. *The Human Side of Enterprise*, New York, McGrawHill, 1960. 其中，"X 理论"代表生物范畴，"Y 理论"代表社会范畴。

[2] Peter Drucker. *The Practice of Management*, 1954.

[3] 吴春波. 华为没有秘密 [M]. 北京：中信出版集团，2014：215–218.

化为直逼零误差的"6σ"标准，[1] 企图把人变成不出错的精密机器。20 世纪末，有些管理学者开始觉醒，[2] 提出了"以人为本的企业"这类革命性说法，但其论述的立足点说到底依然是如何为企业带来更大的利润。这也难怪，束脚的女人即便是放了脚，跟"天足"还是有显而易见的区别的。时至今日，西方依然缺乏一套切实可行的管理理论和实践系统论述。

长期以来，我国劳动力资源充裕，需要解决的是就业问题，因此我们致力于发展深耕细作的小农经济和手工艺作坊。但是与此同时，我国一直以来有官营产业、皇室和对外贸易等单一客户的庞大需求，有些作坊颇大，往往具有现代工厂的规模。早在公元前 1 世纪的西汉，在桑弘羊制定官营政策之下，全国的公营铁生产基地规模已经在 2 000 人以上，[3] 清朝著名的有江南织造厂，以及各地的官窑、茶园等规模更大和工种更复杂的企业，这些企业的人员都是来去自由的雇员，大都属于不易替代的技术工人，不少更是不能随便劳役和解雇的亲友和关系户。

我们管理自由人的方法与西方管理奴隶和士兵那一套方法完全不一样，随着我国管理经验的累积和管理思想的发展，我国的管理理念走上了跟西方完全不一样的道路。简而言之，我国的管理理念是把企业单位看作是家的延伸，官、吏、差/上司、下属等与其说是垂直的层级，不如说是家族成员尊卑和亲疏有别的模拟。上司与下属之间不是短期和功能性的契约买卖关系，而是不同程度的利益共同体和命运共同体，关系是长期性的，也是复杂和立体性的。

客观环境决定了我国民族的个性取向，钱穆认为，中国社会是"安而不强、足而不富"，西方社会则是"强而不安、富而不足"，中国人求安求足，

---

[1]　参见 http://en.wikipedia.org/wiki/Six_Sigma.

[2]　Sumantra Ghoshal, Christopher A. Bartlett. *The Individualized Corporation A Fundamentally New Approach to Management*, HarperCollins, 1997.

[3]　吴慧. 桑弘羊的经济管理思想［M］//吴慧. 中国古代管理思想. 北京：企业管理出版社，1986：153.

但不求强不求富，于是出现了儒家思想的中庸与和谐观念。如若与现代西方的管理阶层相对照，那么在传统上我国应将其称为"士"或"君子"。钱穆认为，"士"是中国独有的概念，"士志于道"，"士"是一群"立志达道"的人，他们需要有范仲淹的以"天下为己任""先天下之忧而忧，后天下之乐而乐"的精神。① 这种对管理阶层的高道德要求，跟西方的文化南辕北辙。

2 000 年来我国做研究和实践管理的不外乎两种人：一种是为官为将的官府中人，一种是厂矿企业的经商之士。其中除了小部分科举出身的文官满肚子都是儒家思想之外，其他绝大部分都只是略通文墨的普通人，主要受民间智慧如《三字经》《千字文》《增广贤文》《朱子治家格言》《菜根谭》等通俗读物所影响，基本上都是以儒家思想为核心的杂家。

坊间也有不少号称"中国管理智慧"之类的书，可惜作者一般都水平有限，并且大都没有真正的实践经验，提出的观点不但跟西方管理思路无从比较，而且亦与现代企业，尤其是所有权和经营权分离的大中型企业管理格格不入，难以实施，更无助于提升我国管理水平。

近年来，我国有些学者从摆脱"GDP 主义"，追求"幸福社会"，引申出"幸福企业"的提法。但是学理上的支撑依然是西方那一套，② 企业要追求利润，鼓吹要积极汰弱留强，所谓"幸福"也者，简直就是自欺欺人，很容易便前后矛盾。要知道，这里的"幸福"，是翻译自英语的 happiness，即快乐的意思。可见，西方本来并没有我国"幸福"的概念。在我国，"幸福"这个形容词一般只应用于家庭之上（我们习惯祝愿别人"家庭幸福"），来自西方概念"快乐指数"的幸福企业应该是"幸福家庭"概念的延伸，这才是有源

---

① 钱穆. 要做一个现代中国的"士". http：//www. china. com. cn/book/zhuanti/qianmu/2009 – 04/08/content_17570103. htm. 罗义俊. 论士与中国传统文化. http：//wenku. baidu. com/view/dec6308e84868762caaed5c3.

② 其中较具学术性的有：岳川博的《创建幸福企业》，北京大学出版社，2011 年。

之水，有根之木。我们说幸福家庭，通常不会像西方那样描绘它的各种幸福表象，这只是果，而"凡夫重果，菩萨重因"，"父慈、子孝、兄友、弟恭"，成员各尽其分，这才是幸福家庭，因而幸福企业也只可能是一个各尽其职、共享成果的利益共同体。①

　　本书以现代管理的观点和要求为核心，系统地提出现代中国管理学的理论和实践。希望借此恢复和提升我们对中华民族文化深厚蕴藏和巨大智慧的信心，进而通过总结，在证明已经失败的西方思路之外另寻突破，以顺应我国的伟大复兴，这必将孕育出大批世界级企业，并提出前所未有的理论建设的迫切需要。我深信，只有包容并蓄、多元化发展，人类才能在不断变化的世界中找到出路，作为世界大国，中国理应对此有所贡献。

---

① 《华为基本法》第 5 条："华为主张在顾客、员工与合作者之间结成利益共同体。"

3

中西方管理理念的分歧

中西方管理理念分歧的基本关键在于，西方管理以物为本。作为劳动生产者，人只是把生产要素转化为产品和服务，成为物化了的工具，企业追求的是最小投入、最大产出的物质效益，微观指标是企业的短期利润最大化，宏观指标表现为曾在我国流行的"GDP主义"。如前分析，这是数千年来西方把人分化为奴隶主和奴隶、资本家和工人两个阶层的结果。存在决定了意识，经验局限了思考，西方无可选择地被困在这种管理思路之下，人被看作是企业投入的资源，① 是经济学入门理论中的土地、劳动力、资本这三大生产要素之一。人只是手段和工具，因而顺理成章地被当作奴隶和机器来管理，企业追求的只是最高效率和达到最高投资回报。为了追求利润最大化，企业往往不惜随便裁员、解雇，并且把这看作是天经地义之事，其实，这更是无情无义的奴隶主逻辑。

这种西方管理思维笼罩着西方社会各个不同领域：

（1）企业为股东服务，向股东负责。

在产权至上的奴隶主心态指导思想下，股东拥有企业，企业只向"主人"（股东）负责。一开始时企业大都为个人或家族所拥有，股权较为稳定，企业还有一个固定的负责对象，而股东也普遍有企业主人翁的心态和较长远的眼

---

① 员工直接被称为"人力资源"。有些自命开明的企业对外宣称，人是企业最重要的资产，背后的理念却是企业"拥有"人力资源。

光，追求长期的利润最大化，部分还与天天相处的员工建立了一定感情关系。

在现代企业中，所有权和管理权逐渐分离，因而西方的管理理论全都以所有权和管理权分离为基础。企业员工只对股东委聘的代表（董事）和代理人（经理人）负责，作为有任期限制和有限授权的代表和代理人，在任期内需要有明显的业绩表现，因而其视野自然会缩短收窄。

如果是上市公司，在公司上市之后，由于公司股票交投频密，历史数据显示股东平均只拥有股份 6 ~ 7 个月，短期业绩的压力大大提高，这对于一家理论上应该永续发展的商业实体来说，已经构成了一个不能克服的基本矛盾。投资者对一家企业不但谈不上感情，事实上一个成功的股民更要求不能"跟股票谈恋爱"，要冷酷无情，只盯住股票的价位，够低便吸纳，够高便脱手，如果短期判断错误，股价一跌到预定的止损价位，便要义无反顾地抛售。在 2008 年西方金融风暴之后出现了大量频密计算机程序买卖交易，更把股东平均"寿命"缩短到荒谬的 11 秒！企业要对如此飘忽短暂、对企业和员工毫无感情和责任感的股东群体负责，企业员工要对如此不稳定的群体代表和代理人负责，在伦理上，甚至逻辑上都成了彻底荒诞的行为。但是我们对此不但坦然接受，反而认为这是天经地义的事情，在道德上、法制上还给予充分保障。

近年来流行"企业社会责任"，各大学商学院都纷纷开设课程，不少企业更以此为标榜，每年从巨额利润当中拿出少许做公益，有些企业还动员员工参与志愿者的无偿公益活动。事实上，企业是社会的一部分，企业从社会中吸取资源，其产出也在社会中流通，企业活动的每一个环节都在社会中进行，并产生各种社会效果，在情在理企业都有其该负的社会责任。从这个角度看，所有企业都应该是社会企业，向其利益攸关者，包括投资者、供货商、银行、顾客、员工、政府部门等负责。但是西方企业从来都只管赚钱，只向买了股票之后便不再需要对企业负任何责任的股东负责，在缴纳了由聘用律师、会计师等专业人士所设计的千躲百避、避无可避的税费之后，其他责任全部推给社会。这些企业的私有产权和社会责任之间的轻重完全不成比例，员工作为企业最核心和最忠贞稳定的利益相关者，反而是被管理、被剥削的一群人，不允许参与管理决策，不能分享利润，还要分担企业亏损、收入减少、裁员等风险。由此可见，"企业社会责任"只是为投资者涂脂抹粉的表面文章而已。

在我国传统中，老板相当于"东家"，顾名思义，是员工的另外一个家。当然，亲疏有别，东家跟真正的家还不是完全一样的。东家与员工的关系是"宾主"关系，彼此之间，主观上都希望建立一种长久的、有情有义的关系，然而即使亲如子女，也有离巢之日，宾主之间，更是"天下无不散之筵席"，来去自由。这种自由组合的关系在过去具有十分现实的管理意义。过去由于科技发展不快，员工个人累积的技巧和经验十分宝贵，宾主之间并无人身依附与约束的关系，东家如何才能留住可靠的熟手技工，就是管理上最重要的考虑。事实上，过去员工由于种种原因与东家分手，旧东家资助其自立门户，并在生意上继续紧密往来合作，这是常态。如果不是这样的话，周边人等会认定这一定是某方做了对不起另一方的事情，是会为社会所不齿的。

这恰恰说明了我国关于企业的概念跟西方是完全不一样的。在我国，企业是家的延伸，宾主之间是类家族关系，长期朝夕相处，有情有义，相互信赖，彼此扶持。从这种观念出发，社会也是家的延伸，只是关系较疏远一点而已。

（2）企业和员工只是买卖合约关系。

劳动力商品化之后，员工和企业只是一种冷冰冰的买卖关系，纯粹是简单的利益交换，当中不涉及感情，更没有人情，跟我国传统的宾主关系大有不同。这种买卖关系短则是呼之即来、挥之即去的临时工作关系，长期的话，彼此的权利义务则需根据合约规定，受到法律的保护。因为是雇佣合约，并且合约由当雇主的企业来拟定，所以主要保障的往往是企业利益。之后，由于劳资纠纷增加，劳动法日渐完备，政府制定了劳动合同法，在更大程度上保障员工的最低权益。

无论如何，在这样的指导思想下，劳资双方必然会处于对立地位，劳资关系是一场你多一点我便少一点的零和博弈。在一个企业之内，作为其"最重要的资产"的员工无权参与管理和分享利润，已经很不合理，而且在劳资关系的结构中，员工与企业的利益处于完全对立，各有不同的目标和相互矛盾冲突的位置。很明显，这样的企业即便管理得再好，也不可能达到上下同心、一致努力为企业的最大效益而奋斗的最佳状态。由于没有更佳的比较和选择，西方企业事实上长期处于亚健康状态而不自知。从另外一个角度看，西方企业管理学和它背后的理论与指导思想存在严重缺陷，可以说是错误和落后的。

尤其是在过去 30 年新自由主义泛滥的时候，股东的回报主要来自股价的上升，因此要求企业业绩年年上升，甚至季季上升，并以巨额的认股权、分红等刺激少数高层管理人员来达成这个目标。管理层为求自肥，往往以各种对企业的健康运作和长远发展有损无益的合并、收购、发债、回购等操作，推高企业短期利润和股价。于是，企业内部薪酬的差距不断拉高，从 60 年前战后的 30 倍，增加到最近的 500～600 倍或者更多，香港的极端情况竟然是接近 1 400 倍。① 这样下来，管理层全都倾向于短期行为，追求立竿见影的效益。因为效益在许多时候会流于虚无，所以管理层所致力于完成的，是由上至下下达的各种效益指标。事实上，无数案例证明，片面追求效益指标最优化，如营业额上升多少，甚至账面利润增加多少，属于只攻一点，不计其余，往往未必能提升企业的实际效益，反而给企业带来种种不良后果。

从另一角度看，高层收入大幅增长的同时，又要挤出更多利润，肥上必然要瘦下，西方常见的紧缩成本做法就是把某些工种大量外迁到全球成本最

---

① "打工皇帝"霍建宁年赚 2 亿新高. https：// hk. finance. yahoo. com/news/% E6% 89% 93% E5% B7% A5% E7% 9A% 87% E5% B8% 9D – % E9% 9C% 8D% E5% BB% BA% E5% AF% A7 – % E5% B9% B4% E8% B3% BA2% E5% 84% 84% E6% 96% B0% E9% AB% 98-225536997-finance. html.

低的地区，最后连肥水都流到外人田，而本国产业则日渐空洞化，经济增长红利和企业利润大部分不能落到员工和广大基层市民中间，宏观上造成社会贫富悬殊拉大，内部消费不足，经济增长难以为继。就企业内部而言，追求短期效益必然会鼓励短期行为，道德沦亡，罔顾法纪，设施服务水平下降，业绩充满水分，更有甚者造假和转嫁危机成了企业常态行为，21 世纪初美国出现了 Enron（安然公司）丑闻，当时很多人认为这只是个别事件，但往后很多企业丑闻不断、官司不断，不出 10 年爆发金融海啸，反映出西方整个金融系统以及其他产业都长期存在瞒上欺下的行为，是如假包换的大骗局，整个西方世界陷入政治、经济、社会整体危机而不能自拔。[①]

从宾主长远关系出发，企业和员工是合二为一的利益共同体，一起把饼做大，共同分享，结果是双赢而不是零和博弈。这样企业和员工彼此都可以有较长远的规划，企业从发展考虑，放手投资员工，使其积累知识和提升技能，建立一个知识型企业，长远而言，这样一定会跑赢较短视的竞争者。与此同时，员工在这样的环境中，必然可以练就一身好本领，在市场中有较高的"可雇佣性"（employability），因而企业必须要善待员工，并且与其建立感情，才能把人才留住，企业必须长期投资才能得到充分的回报。两种因素互为因果，形成良性循环。从宏观而言，经济内部分配较为公平合理，不但社会稳定，而且容易维持整体购买力，能够为经济持续平稳和较快速增长提供必要的前提。

这种较文明和合理的劳资关系，在碰到野蛮粗糙的西方企业时，有如优良的运动员敌不过靠吃兴奋剂提升体能的对手一样，往往一下子便败下阵来。我国在 19 世纪便吃了西方帝国主义"坚船利炮"的亏，弄得头昏脑涨近 200 年还未完全恢复过来。但是从另一角度看，"上下同心，其利断金"，尤其是

---

① 参见宋鸿兵. 货币战争 5［M］. 北京：中信出版集团，2017.

在危难当中，员工的团结和忠贞是企业生死存亡的关键。如果员工认定企业与他们个人是同一个利益共同体和命运共同体，同时也是同一个责任共同体的话，那么在患难中员工与企业往往会体现出"同舟共济"的真情，日本丰田汽车厂便曾靠全公司上下都出外推销度过了 20 世纪 70 年代的石油危机。

（3）员工价值的体现在于薪酬。

企业和员工之间只是买卖合约关系，买卖合约当中最重要的考虑是价格：企业以一定的薪酬，购买员工一定时间的工作和成果，半斤八两，各得其所。管理者，说到底只是保障企业在员工被购买时段的工作中得到最大的产出，流水线、计件工作制、奖金等，都是常用的方法。这些纯金钱的奖励机制和方法，用在产业工人身上还可以，起码能做简单的量化效益评估和比较，但是用于知识工作者身上，这种管理思路便完全失效。经理人员闭目抽烟固然是在工作，推销人员陪客户吃喝也是在工作，充其量只能把最后的结果以某种量化指标来衡量。这样，西方管理操作便从单一指标发展到"平衡计分卡"（balanced scoreboard），同样，我国的管理，尤其是政府官员的考核也学了这一套，指标至少达到上百个。上级如果在某一时期特别关注某一两个指标，便自然会出效果，并美其名曰"考核出效益"（杰克·韦尔奇的名言："What gets measured, gets done"），其实大家都知道，这只是自己骗自己。

我们学习了西方的传统应对手段，发效益奖金、分红等。这些短期行为的后果必然是出现各种道德风险，对企业最终有害无益，上文已做讨论。从另外一个角度看，短期而言，尔虞只能换来我诈，企业对员工不忠诚，无承担，如何期望员工对企业忠诚，有承担。长期而言，培训可以视为员工个人自我增值的行为，如果企业不予资助，或像部分企业惯常的做法，只做条件苛刻的赞助，那么培训增值的效益自然属于个人所有，员工理所当然会把个人投资增值回报最大化，短期作为讨价还价的工具，长期作为跳槽的资本，而不会把学得的知识积极转化为企业累积，为企业创造最大效益。

赫茨伯格（Herzberg）认为，薪水只是防止员工对工作不满的"保健因素"（hygiene factor），只能买员工的时间，买不到他们的心，后者需要如责任、升迁、增长、认可、成就等"激励因素"（motivation factor）。根据马斯洛著名的"需求层次"理论，金钱和金钱所能买的物质，只能满足人类最基本的生存需求和安全需求，在此之上，人类依次需要社交需求、尊重需求和自我实现需求，而这些都不是金钱所能买到的。另外，在家族式的长远和紧密关系中，除了物质满足之外，其他非物质因素都完全具备，员工在工作中能够享受到家人般的关爱，工作成绩获得内外的认可和表扬，个人在一个友善的环境中成长、学习、工作，可以不断精益求精，实现自我价值。这样员工的所得就远远超过他每个月的金钱收入，即便是功利的计算，他也会愿意付出更多。

（4）人民和政府是社会契约关系。

民族国家的概念产生于 17 世纪中期，由 1648 年欧洲各国达成的威斯特伐利亚和约所确立，并且衍生出现代企业的概念，以及劳资的合约观念。早期的股份有限公司，是在合约和法律基础上成立的一种社团组织。社会契约关系最早应该源于犹太教的"十诫"，它是犹太—希腊文化传统的重要组成部分。社会契约理论由法国卢梭于 1762 年提出，是现代政府和民族国家合法性的基础。西方主流认为，人民和政府是社会契约关系，也是某种利益交换关系，这跟我们中国人把国家看作家族的延伸，个人与国家形成集体利益共同体、命运共同体与责任共同体，以及"国家兴亡，匹夫有责"是很不一样的。

因此，在现代西方人心目中，人民对政府的支持是有条件、有时限的。人民有如股东，授权经理人管理国家。西方每隔几年一次的元首大选，就等于人民通过群众大会跟政府根据经理候选人的政纲重新建立契约。经理候选人和其背后的政党以及利益集团为了获得管治合同，从而取得公权和公权所掌握的巨大公共资源，投放大量资源去做宣传游说工作，并且以寅吃卯粮的手段和立竿见影的短期政绩承诺来吸引选票。因为是先有政客承诺利益在先，才有之后的选民行动做交换，所以事实上这是贿赂行为，本质上与买票无异。一方面，选民眼光短浅，加上与各经理候选人和其背后的政党及利益集团的信息严重不对称，选民往往被短期排山倒海的一面倒宣传蒙骗，做出并非最佳的决定；另一方面，经理人是被政党及其背后的利益集团捧出来的，只可能以政客个人利益、政党及其背后利益集团的利益为先，之后是政府的官僚利益，最后才是人民利益。无论如何，经理人一经选出，获得通过选举程序的授权之后，权力便被合法化，他们一般便能自行其是，并一定会给其背后的利益集团大量回报，直至下一届选举为止。

这种短期投标合约代理制，在西方叫作"民主"。数百年来，西方实行"民主"的客观效果是：人民永远只是每几年被捧几个月，而被推举的政党领袖整体政绩平平，国家负担沉重。这个制度的弱点和其本质上的不公，近年来已经暴露无遗。

西方学者流行的说法是：中国不是一个民族国家，是一个文化国家。国家，国家，在中国人心目中，国则是家的延伸，中国人的家国情怀中，国是家的前提。历史惨痛的经历教育了中国人，"国破家何在"？"没有国，哪有家"？人民与国家及政府的关系，绝对不是疏离的、功利的对立契约关系，而是利益共同体和命运共同体的密不可分的融合关系。

国家领袖有如族长，要求是一个德高望重的首领。客观而言，企业挑选和考核主管都远比西方挑选最高领袖更加严格，中国不可能效法西方那样，只走"一人一票"的形式主义程序民主。今天中国共产党和国家领导层，无一不是从数百人中挑一的公开考试开始，经历数十年的培育和考核，以及通过地方与中央的历练与政绩考核，一关一关地挑选出来的。由于种种原因，还是免不了有少数领导干部腐化变质，但多数人还是廉洁清正，为人民谋福利的。改革开放以来，中国所取得的发展成就足以证明，中国的政治领袖的能力是过硬的。至于贪污腐败，诱发因素很复杂，但是实践证明，中国共产党在执政中有强大的自我反省和修复能力，西方民主不能解决这类问题。美国有学者做过实证研究：在同一经济发展水平期间，美国比中国更贪腐；今天，美国把大量贪污合法化，让特权阶级合法贪污。①

（5）国际之间是欺凌剥削关系。

全球的资源有限，市场也有限，从奴隶主义一路发展演化而来的现代帝国主义、霸权主义信奉同一条规律：汰弱留强，强者多得，主宰一切。潜台词是赢家通吃（winner takes all）。西方国家（奴隶主）的物质繁荣是以掠夺剥削众多其他国家和人民（奴隶）为代价的。当代的"文明冲突""反恐战争"，说到底，就是压迫者（奴隶主）和被压迫者（奴隶）的矛盾和斗争。②当下，美国手上有主宰世界的三大武器：金融垄断、美元（唯一国际结算货币）和武力威慑。

从奴隶主和奴隶的关系出发，西方发达国家对自己和对发展中的第三世界国家永远都持双重标准。它们鼓吹的"普世价值"和"国际惯例"等从来都只应用在第三世界国家和人民头上，自己却永远不遵守。1997年亚洲金融风暴之后，西方严格要求东亚国家按照所谓"华盛顿共识"勒紧裤腰带收缩经济，弄得一些东亚国家社会不安，政府下台。2008年全球金融海啸后，欧美国家自己却反其道而行，滥发钞票，导致货币贬值，通货膨胀。

传统的中国文化认为"普天之下，莫非王土"，视华夏文化主导的空间为"天下""海内""六合""九州"，而视"四海"之外为诸夷，以此来界定中国与周边民族和国家的亲疏尊卑关系。这里虽有华夷之别，但夷可通过教化

① 参见 http：// blogs. wsj. com/chinarealtime/2012/12/12/study-chinas-corruption-doesnt-match-gilded-age-america/.

② 王小强. "文明冲突"的背后——解读伊斯兰原教旨主义复兴 [M]. 香港：大风出版社，2004.

成为华夏。严格来说，"天下观"是一个文化的概念，而不是疆界的概念。因此，有学者认为，中国古代的天下观是有限疆域的观念，在这种观念指引下，建立并完善今天我们称之为"单一制"的国家和朝廷大法，以及自中央到边疆的官僚制度和藩属制度，在观念和实效支配上都达到了"大一统"。这种天下观，在历史上不但统一了一个疆域广阔的中国，而且形成了一种并不想向"天下"的范围以外扩张的内敛的中华民族的性格。中国的版图是对疆域有限的认识和有效管辖的结果，同时是历代王朝和边疆民族互相争夺资源的产物。①

直到明朝晚期，据说是官员们看到了耶稣会传教士利玛窦所绘制的世界地图，才知道天下原来是万国林立，不是中国一国独尊，从而产生了中国是世界万国之一这一世界意识。我国近代意义上的国与国之间的边界，形成于清朝直面沙俄这一强大的雏形民族国家的挑战，并在 1689 年签署了《尼布楚条约》。到了现代，中国大一统的天下观被多文化和多主权国家的多元世界观替代，虽然已经没有了以往的民族优越感，但仍能强烈地感觉到中西有别，中国是今天的"九州"，外边是现代的"四海"，"天下"就是世界。严格来说，中国不是一个由基因所界定的民族，而是一个文化的民族，可以说是一个文化国家。中国民族意志依然内向，只是集中精力做好自己的事情，没有以向外扩张来解决问题的意识和意欲。中国在国际上追求一种相互适应达致的相对稳定，而不是西方帝国主义和霸权主义鼓吹的那种从未存在过的绝对权力主宰所带来的绝对稳定局面，即"美国主宰的和平"（Pax Americana）。"四海之内皆兄弟"，中国对世界有天然的关爱，自命应该对人类文明有所贡献。中国人并不排外，与外国人通婚并非禁忌，加上"达则兼济天下"的理念，我国热衷于援助贫穷落后的欠发达国家，实现共同富裕。

---

① 吕文利. 中国古代天下观的意识形态建构及其制度实践. http：// theory. gmw. cn/2014-02/23/content 104810566. htm.

4 | 中国管理的宏观核心价值：小康社会

中国管理的理想状态，以《礼运·大同篇》① 概括最为合适：

> 大道之行也，天下为公。选贤与能，讲信修睦，故人不独亲其亲，不独子其子，使老有所终，壮有所用，幼有所长，鳏寡孤独废疾者，皆有所养。男有分，女有归。货恶其弃于地也，不必藏于己；力恶其不出于身也，不必为己。是故谋闭而不兴，盗窃乱贼而不作，故外户而不闭，是谓大同。

> 今大道既隐，天下为家。各亲其亲，各子其子，货力为己。大人世及以为礼，城郭沟池以为固，礼义以为纪。以正君臣，以笃父子，以睦兄弟，以和夫妇，以设制度，以立田里，以贤勇知，以功为己。故谋用是作，而兵由此起。禹、汤、文、武、成王、周公，由此其选也。此六君子者，未有不谨于礼者也。以著其义，以考其信，著有过，刑仁讲让，示民有常。如有不由此者，在埶者去，众以为殃，是谓小康。

我们一般大都只引述"是谓大同"之前的理想社会部分，现代学者更以此对比理想的共产主义社会。其实我们更应该看到，孔子承认在现实社会中，即便是禹、汤、文、武、成王、周公等圣人，充其量也只能做到"小康"，并且认为这便已经很不错了，这才是《礼运·大同篇》的主旨所在，只是大家

---

① "大同"这个词是由《易经》中的大有卦和同人卦合起来所构成的。

长期都把这一主旨忽略了。根据官方的论述，我国当前的阶段是在全面建成小康社会决胜阶段。

"大同"与"小康"社会的分别，在于前者"天下为公"，后者"天下为家"。"家"是中国文化的最基本构成单元，所有各种社会机构，说到底都是家的延伸。中国文化中从来都没有抽象的个人，个人是通过其跟"家"的不同的延伸社会关系，即儒家所谓的"分"来安立的。不同的社会关系要求不同的"分"，这种伦理规范，即"君君，臣臣，父父，子子"，就是孔子所说的"礼"。孔子认为"克己复礼为仁"，只要大家都恪守本分，"安分守己"，谨守礼节（"谨于礼者也"），便能达到"小康"社会。

当然，中国古代有不少思想潮流，形成了所谓的"九流十家"，但作为管理哲学，战国时期各家的指导思想源头是十分接近的，只是此后推出的操作性结论和策略不一样而已。如被奉为"君人南面之术"（现代名词是"公共管理"）圭臬的《老子》认为，"失道而后德，失德而后仁，失仁而后义，失义而后礼"，这样的观点孔子也不会不同意，只是老子从理想的角度去观察，才得到"夫礼者，忠信之薄而乱之首"这种消极的结论，而孔子则认为解决的方案要从"克己复礼"上溯到"仁"，以及"德"和"道"而已。更重要的是，自汉代以来历朝独尊儒术，通过科举制度使儒家成为钦定的显学，影响了人们2 000多年的读书识字，包括所有做官和大部分经商的人，成了中国管理人员的主要构成部分。但是对实用主义的中国人来说，只要有用，从来都不拘一派，兼收并蓄，这样下来，慢慢便形成一种集百家之所长的民间管理智慧。

中国管理以人为本，要求古称"君子"①（亦即钱穆所说的"士"）的管理者"未做事，先做人"，要从个人修养做起，《大学》开宗明义就要求"大

---

① 参见《诗经·王风》中《君子于役》。

学之道，在明明德，在亲民，在止于至善。知止而后有定，定而后能静，静而后能安，安而后能虑，虑而后能得"。"诚意、正心、修身"，先管好了自己，之后才"齐家、治国、平天下"，去管理企业，治理国家，所以才有"半部《论语》治天下"之说。这与西方不要求个人内在的品德修养，只追求形而下的机械式操作方法不同，也与外部制度上的制约及制衡的思路南辕北辙。西方明知政客都是骗子，他们在选举中会欠下大量人情和金钱的债务，但还希望通过制度化的监督和制衡，迫使他们在当权的时候要清白做人，结果是政客跟金融巨子勾结，利益延后支付，把全世界经济卷入深渊而不能自拔。

中国人从来都相信制度，但不迷信制度，认为制度也是由人来操作的，"徒法不足以自行"，好人在坏的制度中也能做好事，坏人在好的制度中也能做坏事。美国建国200多年来，其总统们绞尽脑汁设计一套完善的制度，之后再不断修改，不可谓不努力了，美国在经济上实行新自由主义，在政治上实行新保守主义，但制度再完善也免不了出问题，20世纪的大萧条和21世纪的次贷危机足以证明这一切。

中国管理的最大特点是一开始便把人、财、物在概念上区别对待，集中于抓人。纲举则目张，只要理顺了人的关系，"人和"就自然"政通"。一个国家，有社会上共同认可和实践的伦理道德规范，就等于拥有一套共同的社会语言和行为守则。"十目所视，十手所指"，这种共同的语言和守则，远比成文的法规更严厉、更有效。实际上，古今中外每个社会在法律之上都有更高的道德规范，只是中国特别依靠伦理道德，以礼治国，以礼治家，以礼治企。

在企业内部，一套有深厚共识的共同价值和行为守则，即所谓企业文化，大大有助于企业成员之间的互信，从而使制度可以扁平化，规章可以精简，授权可以宽容，沟通可以顺畅。从宏观上来说，伦理道德规范能大大促进人们之间的交往，降低内耗成本。而各企业之间的文化差距也将逐渐缩小，人才之间更加容易兼容和适应，大大有助于合作与流通。西方管理所梦寐以求的理想效果，只有在这样高伦理道德规范环境和氛围之下才有可能实现。因此，中国人本管理的重点，是以伦理道德先行，聚焦于知人和用人两方面，致力于发现德才兼备的人才，用其所长，避其所短，给予适当的激励，让其发挥作用。

当代西方管理学泰斗彼得·德鲁克有句名言："组织需要个人为其做出所需要的贡献，个人需要把组织当成实现自己人生目标的工具。"这使员工能实现个人目标，体现其价值，是提升工作成效的最佳方法，也是提升企业绩效的最佳方法，一般认为这已经很前卫了。[1] 可惜他还是跳不出西方文化把人看作工具的构陷，还未把问题看得透彻，还未完全脱离奴隶主思想。从中国人的观点来看，这两句话应改为：组织需要成为实现个人人生目标的工具，个人需要为他所融入的组织做出自发的贡献。现代的知识工作者对于自己是不是有效工作，拥有绝对的自主权，因此，必须自愿全身心投入，才会自觉地发挥其所长。我们必须认识到，人是有七情六欲和各种需要的，管理上必须把人当"人"来看待，必须尽量照顾人的内心需求、情绪、成见、伤病、家庭负担等，并加以理顺和引导，设法让个人的所有能力、感情、进取心、责任和荣誉感都能得到充分释放，达成其所完全认同和投入的企业集体目标。

从长远来说，知识型企业、知识型经济依靠知识的开发和积累，人是知识积累和传播的最佳媒介。企业的成长是所有员工个人成长的合力，而个人的成长必须从内在产生，如果个人不求上进，那么谁也推不动他，因而管理者说到底就是起到激励和引导的作用，管理者的任务就是鼓励并引导个人的成长。套用西方的概念来说，就是好的经理人应该是一个领导者，也就是彼得·德鲁克所说的："要领导，不要管理。"

---

[1]　参见彼得·德鲁克的《非营利组织的管理》。

从另一角度来看，"穷则独善其身，达则兼济天下"。管理者的愿景进阶是"诚意、正心、修身、齐家、治国、平天下"，最终的目的是"共同富裕""大同社会""寰球共此凉热"，亦即今天我们所说的和谐社会、和谐世界。西方管理学缺乏这种愿景，因而工商管理和公共管理的分家便成为必然，在西方"人皆为己"的小格局背景下，今天世界政治、经济、国际关系陷于种种困境也无可避免。

中国管理以人为本，把人当作一个有各种需求的人和家族的一分子来对待，从企业到国家，以最多人的福祉，即经济学上的 Pareto Optimum（帕累托最优）为最终目标。实际上，我们是否完全做得到是另外一回事，但起码我们得承认这样做才是人类社会发展合情合理的正确方向。

5 | 顶层设计

道

中国人自命最讲道理，人无论做任何事情都有他们的道理和守则。不讲道理的就不算是中国人，是野蛮人，所谓"蛮不讲理""胡说八道"。中国人的最高原则就是道，所谓"道生一，一生二，二生三，三生万物"。道是世上万事万物都要遵守的客观规律。道理者，当然是先有道才有理，有了理之后，才能管，最后才有管理。

《道德经》中有关于道的最详细描述：

> 有物混成，先天地生。寂兮寥兮，独立而不改，周行而不殆，可以为天地母。吾不知其名，字之曰道，强为之名曰大。大曰逝，逝曰远，远曰反。故道大，天大，地大，人亦大。域中有四大，而人居其一焉。人法地，地法天，天法道，道法自然。

读了之后，其实道是什么，谁也说不清楚，只知道"道法自然"，合乎自然规律的，或者合乎天命、顺乎天意的，则合乎道。自然既是千头万绪的，又是千变万化的，所以说不得，说了也等于没说，"道可道，非常道"，只能自己体会。尽管如此，但每一个中国人都相信有"道"这一回事，也认为自己在关键时刻，总会知道什么是天意，哪里是天命所归。因此，"得道多助"，胜利者永远都是"替天行道"，而失败的原因，无疑是"逆天而行""失道寡助"。

古人建构了"无极—太极—两仪—四象—八卦"这个有关道的理论架构，并通过《易经》予以文字的阐释。《易经》用阴爻和阳爻的不同排列和组合，通过以象易物的方法来表达事物发展的规律，以八卦来推演世间各种海量事物。后人总结了"易"的意义为：简易，变易，不易。

● 简易：世界上的事物再复杂、再深奥，其实最终都可以用阴、阳来概括，从而可以简单地理解、表述和处理。

● 变易：世界上的事物都处在变化和发展中。阴和阳对立统一，彼此因内外的变化而互相消长、变动，衍生宇宙万事万物。

● 不易：世间万事万物皆变，唯有万事万物皆变这一规律永恒不变。

在操作层面上，人之所以能掌握天意，是因为"天视自我民视"，人能看到虚无缥缈的天意在自然和人事中所体现的势。形而上者是道，形而下者是势，人要善于掌握势，顺势而为，参与造化，替天行道。

阴阳

矛盾的二元就是阴阳，这是世间所有变化的根源。毛泽东说："一切事物中包含的矛盾方面的相互依赖和相互斗争，决定一切事物的生命，推动一切事物的发展。没有什么事物是不包含矛盾的，没有矛盾就没有世界。"[1]这二元世界观恰恰是西方一神论统摄的视野所欠缺的。"孤阴不生，独阳不长。"因此，六十四卦当中，纯阳和纯阴的卦都各只占一，其余六十二卦都是有阴有阳，阴阳交错，有时候阳多阴少，有时候阴多阳少。在考虑

---

① 毛泽东. 矛盾论 [M] // 毛泽东. 毛泽东选集（第一卷）. 北京：人民出版社，1991.

问题时，中国人不会非此即彼地简单二选一，而是会看到两个极端之间广阔的光谱，有意识地在一开始便兼顾到两个极端之间的平衡，尽量争取或多或少的两者皆能接受的双赢结果，最后得出合情、合理、合法的圆满结果。

具体而言：阳是开拓性的，阳刚代表主动、创造、进取；阴是巩固性的，阴柔代表静、配合、保守。两者各有不同的定位和作用，以及不同的思想和行为方式。

阳的思想和行为方式，易学者称之为"用九"。刚则易折，不能过于冲动、固执，一成不变，食古不化，不接纳其他人和客观环境的挑战而硬闯。《周易》代表纯阳的干卦，特别是"用阳"这一条，说明了如何使用阳的概念："见群龙无首，吉。"这代表着无政府主义的理想：一众强者聚在一起，大家的地位都是一样的，没有上下级的关系，得以各展所长，所以是吉利的。当然，强强联合，可以合作双赢，但也可能两败俱伤，"用阳"的窍门，在于提示如何防止"亢龙有悔"、刚愎自用的情况出现。

阴的思想和行为方式，易学者称之为"用六"。代表纯阴的是以生长万物的大地为象征的坤卦，相对也有"用阴"这一条："利永贞"，利于永远坚持下去。世事不能不变，客观环境在变化，即使我们努力保持不变，阴所代表的静止也只可能是暂时的。"用六"主张耐心等待时机，不轻举妄动。总的来说，阴只能配合阳，乘势而变动。

中国人待人处事，最讲究实际情况和自己所处的分位。当客观形势决定该我说了算的时候，我是龙，"用九"；该我配合的时候，我是大地，"用六"，服从既定目标和领袖，全力配合。善于掌握阴阳之道者，才能达到《孙子兵法》所说的"其疾如风，其徐如林，侵掠如火，不动如山，难知如阴，动如雷霆"的境界。

西方最终的法源是上帝，因而是先验的、不变的、至高无上的。人与上帝之间的契约一定要百分之百遵守，因此，各行各业政策法规、企业的规章制度都不能违背，因为"恶法亦法"，不能做选择性遵守。对中国人来说，因为阴阳始终在变化，所以他们不接受先验的、不变的、至高无上的法规。"法律不外乎人情。"而人情者，就是要合理。中国人认为，万事都有理在，顺天应人，就是合理，这跟英国人讲的"常识"（common sense）一样。为人处世，合理是最重要的，不合常理，就一定会出问题。中国2 000多年自由人的传统表明，人人都有主见，认为不合理的法，就不会着意遵守，或者千方百计回避。因此，"墨守成规"和"蛮不讲理"都是贬义词，中国人要求"与时俱进""因时制宜、因地制宜、因人制宜"，而且要"讲道理"。

但是由于各人从不同的立场和利益出发，各有其道理，正所谓"公说公有理，婆说婆有理"。这便要求一个代表"天"（约略接近西方"自然公义"的意思）的公正权威来做裁决。中国人需要有一个公正无私的领导，要求一个做裁判员的"主"，这是"包青天"文化的根源。一旦"做官不为民做主"，天道一失，便天下大乱，政权也不保。管理阶层，就是该单位的天，或者更准确地说，是替天行道者。

以我政、企、学的经验，在一个人人都极有独立见解的组织中，如果对目标有统一的共识，三观一致，决策讨论的参与者都少一些私心，都从整体目标（即从公）去考虑问题，那么意见的分歧基本上都源于彼此所拥有信息的不对称，因而只要大家充分沟通，实事求是地讲道理，达成共识其实并不困难。因为国家之大，利益多元，往往都能达成政治共识，而企业目标远为单纯，集体利益也较为一致，所以矛盾统一、共识管理是完全可实现的。关键是"上梁不正下梁歪"，管理层首先要无私、公正，才能构建和巩固利益共同体、命运共同体和责任共同体，实现共识管理。

天、地、人

《周易》最早系统地提出了"天、地、人"三才这个基本概念："《周易》之为书也，广大悉备，有天道焉，有人道焉，有地道焉。兼三才而两之，故六。"《周易》云："立天之道曰阴与阳，立地之道曰柔与刚，立人之道曰仁与义。"古人启蒙必读的《三字经》中有"三才者，天地人"，每一个识字的人从小都会念，这已成为中国人个个都懂的道理，深入人心。"举头三尺有神明。"我们以"推天道以明人事"作为指导日常活动的重要准则，贯穿于我们的人伦物理之中。在管理上，我们很多时候都不期然地用了"天、地、人"作为模拟来思考，作为从上而下制度架构的参考。如领导就是"天"，而"天威难测"，等等。

《道德经》有云："人法地，地法天，天法道，道法自然。"三才包括敬拜天地、与天地合一、与自然和谐的精神与理念。《周易》云："天地之大德曰生。""生生之谓易。"中国人因而以敬爱自然和尊重生命为基本的核心价值，纵横古今中外，这也是人类真正永恒通用的普世价值。中国人相信违反这种普世价值者人神共愤，必遭天谴。

从另一角度看，人固然要效法天地之道，这才是"天人合一"的真义。①但人在自然面前并非无所作为。《易经·泰卦》，象曰："天地交，泰；后以财成天地之道，辅相天地之宜，以左右民。"为了安居乐业，人应该发挥主观能动性，顺应自然规律，"参天地造化"，对天地间万物的变化和发展加以适当协调，使其更加符合人类的需要。这跟西方认为上帝造天地万物为人类所用、人定胜天的观念是截然不同的。

---

① 参见李申. 什么叫"天人合一". http://www.guoxue.com/lwtj/content/lishen_trhy.htm.

因此，中国人主张"不以成败论英雄"，因为个人、企业和国家的成败得失，既有无可推卸责任的主观因素，也有一大部分是主观无法控制的客观因素（势）。持这样的观点才能胜不骄、败不馁，大部分情况是时势造英雄，只有局部短暂时间是英雄造时势，因而我们要善于捕捉时势，乘势而动。

性善

《三字经》的第一句："人之初，性本善。"这同样是深入每一个中国人灵魂深处的共同理念。在春秋战国百家争鸣时期，曾有人性恶、性善、不恶不善的争论，但最终官方和民间的主流都定调于性善论。[①]

最早正面详细阐述性善论的是孟子，他指出仁、义、礼、智是性善的端倪（后称"四端心"）。

《孟子·告子上》

恻隐之心，人皆有之；羞恶之心，人皆有之；恭敬之心，人皆有之；是非之心，人皆有之。恻隐之心，仁也；羞恶之心，义也；恭敬之心，礼也；是非之心，智也。仁义礼智，非由外铄我也，我固有之也。

这跟西方犹太传统完全相反，他们相信从亚当和夏娃偷吃禁果后，后代就全部遗传了"原罪"，因此人性本恶。直到 20 世纪 60 年代，西方出现了"人本主义心理学"，即亚伯拉罕·马斯洛的"需求层次"理论，其对管理学做出了不可忽视的突破，西方才开始反思人类是否性恶，出现了"Y 理论"[②]，但是朝这个方向的发展很快又停下了。直到 2012 年，耶鲁大学的婴孩实验室

---

① 法家代表荀子虽然坚持性恶，但明辨义利。
② 这里指马斯洛"需求层次"理论中的社会范畴。

（Baby Lab）在婴孩心理学上出现了突破，发现人类生来便能分辨善恶，并且认同善行，才证实了我国"人之初，性本善"的判断。这一发现对西方的冲击如何，还有待好一段时间的观察。[1]

彼得·德鲁克认为，人需要领导，不需要管理。这跟我国有些人认为人要理，不用管的观点是接近的。但是，如果人性本恶，不管还得了？现代管理中有那么多协议、合同、规章、制度、手册、指引，之后还有那么多纠纷、官司，说到底，就是因为人与人之间缺乏信任。西方认为这是必然的，人有原罪，人性本恶，根据其现代经济学鼻祖亚当·斯密的观点，市场经济就是基于贪婪的经济学，人怎么信得过？因此，犹太人认为："信任不错，但控制更好。"（Trust is good, control better.）西方相信制度，并借此进行监督和制衡，使坏人不能做坏事，以压抑人的恶性。但中国人不是这样看，《道德经》有云："故失道而后德，失德而后仁，失仁而后义，失义而后礼。夫礼者，忠信之薄而乱之首。"一切法规制度，都是人性堕落，丧失了互相信任的结果，而"一法立，一弊生"，越搞越乱，法规制度反过头来成了"乱之首"。

中国人讲"用人勿疑，疑人勿用"，"将在外，军令有所不受"，与人交往，"一言九鼎"。尤其是在还不算太久的以前，中国人签订的协议都有"口讲无凭，立此为证"这句话。如果严格地看，协议原意只不过就是一份备忘录，记录了立约时大家说过的事情。事实上，到了今天，中国人看合同协议也会考虑到当时的情况，许多时候情况有变，彼此都会体谅而自我调节，不像犹太人传统那般严格，根据文本条款，斤斤计较，死咬不放，以牙还牙。碰到纠纷，中国人一般争取协商解决，尽量避免闹上法庭。即使上到法庭，

---

[1]　Abigail Tucker. *Are Babies Born Good*? Smithsonian magazine, January 2013. http://www. smithsonianmag. com/science-nature/Are-Babies-Born-Good-183837741. html.

法官第一件事也是建议当事人先做调解。

但是在现实层面，由于中国人太自由，人人都独立思考，尤其是在处于道德危机的今天，"人各为己"，不少人不讲道理、不守信用，所以才有这许多假、冒、伪、劣的出现。在我国漫长的历史中，这种互信破产的情况已经发生过很多次，因而中国人特别讲究知人和用人之道，一般不轻易相信人，尽量任用熟人、亲人。但要是脱离了用人唯贤、用人唯亲，也将出现种种弊端，蒋介石的失败，就是用人唯亲的结果。① 解决的方向就是重新树立适用于当代社会的伦理道德作为共同规范，并辅以制度上的监督制衡，而不是舍本逐末，西方不讲道德、只迷信制度这一套已被证明行不通了。

在企业层面，首要在于建立牢固的企业文化，以礼治企。从录用阶段开始，坚持"亲君子，远小人"，用人"德才兼备，以德为先"。进而在企业内部不断巩固企业文化，"十目所视，十手所指"，形成一个自然的规范，员工在这样的氛围当中，就会自觉地弃恶从善。

道、势、术

前人研究《道德经》和《孙子兵法》，总结了"道、势、法"这三条。② 本章上述各点，在应用当中都不出"道、势、法"，这可以说是中国人为人处世，亦即中国管理学的起手式。孙子因为要教人打仗，所以说得浅显和实用许多，他认为："道者，令民与上同意也，故可以与之死，可以与之生，而不畏危。""势者，因利而制权也。""法者，曲制、官道、主用也。""道"在这里就形而下地成了目标和方向（但这目标和方向最后都不能有违天意），

---

① 王小强. 摸着石头过河的困惑［M］. 香港：大风出版社，2004.
② 法家讲"法、术、势"，只是内涵稍有不同。

"势"则成为有利于目标和方向结果的外部形势和自然法则，而"法"者，是执行的组织、制度、手段、措施等。道、势、法（术）是中国管理的套路：明道（清楚目标和方向）、造势和乘势（创造及利用有利条件）、用术（运用执行手段）成为我国做人处世的"三道板斧"基本架势。

与西方认为人是世界的主宰，相信人定胜天的传统不同，中国人认为宇宙万物都要服从于基本的规律，亦即道。人的主观能动性发挥到最高，也只能"替天行道"，或者"参天地造化"，而不能挑战道。认识这世界和有关的规律，是改造世界的第一步，违背了道，则注定要失败。中国人认为，通过获得各种修养，最后能达到"天人合一""从心所欲，不逾矩"。因此，我们对管理阶层都有较高的伦理道德标准，"未做事，先做人"，"半部《论语》治天下"，就是这意思；个人没有修养好，掌握不了道，或者不能与道一致，就不可能成大事，起码干不出好事。

接下来，便是观察事物的发展，并适当地运用有关的规律，这就是势。势往往是不得不如此的规律。孙子云："激水之疾，至于漂石者，势也。"而势更多是指形势的发展，如"大势所趋""大势已去"。我们的传统智慧认为，"千计万计，不如乘势"。请注意，这里人也是渺小而被动的，所谓"顺势者昌，逆势者亡"，人只能乘势、顺势，逆势而行，肯定要吃亏，以失败收场。在个人层面，势就是运气，"得运一条龙，失运一条虫"。"时势造英雄"，大势大干，小势小干，无势不干。运势未到时，人只能安心等待，要耐得住寂寞，所以姜尚八十未遇，空竿垂钓于渭水。诸葛亮高卧隆中，门边挂对联"淡薄以明志，宁静以致远"来自勉。《中庸》有云："君子居易以俟命，小人行险以徼幸。"只有修养不足的人，才会不顾形势，躁动，铤而走险做赌博。人主要靠乘势，利用有利条件，当然也可以造势（创造有利条件），但人为创造的条件充其量只可能起短暂和局部的作用。中国人讲求"尽人事而听天命"，自强不息之余，最后都相信"时也，运也，命也，非吾之所能也"这不易之理。

有道、有势，战略上就已处于有利地位，如何执行落实，就是术的范畴。西方管理学其实是从这里才开始，舍本逐末，于造势，用术着墨。

这里要着重指出的是，中国人讲的法，是上述有关执行的组织、制度、手段、措施，即规章、制度和法律等。时下流行讲法治，奉为至高无上的金科玉律。我国传统认为，"法律不外乎人情"，法最好只是软性的规范。若作为刚性的约束，行为的底线，法由于没有积极的作用，则越简单清楚越好，让人人都知道，易记，从而容易切实执行。刘邦入关时的约法三章，2 000 多年之后仍被奉为典范。"政简刑清"，永远都是我国管理的理想。

6 | 个人品德修养的要求

企业以人为本，给予每一个员工最大的发挥空间，我们对人的本质是有一定假设、要求和改善的手段的。

跟西方不一样，我们不承认有抽象的个人，并且不会把这抽象的个人放在核心位置，把"个人主义"奉为圭臬。中国人认为，个人是在跟其他人形成的社会关系中而得以安立的。在社会层面，我国传统社会主流是儒家，关键词是"伦常"，也就是"本分"。同一个人，他在家里是父母的孩子，是他妻子的丈夫，孩子的爸爸。在人与人的社会关系当中，每个人都应各安其分，在某一时空，你处于什么位置，你就得履行相关的职权责义，"君君，臣臣，父父，子子"。这里特别要指出的是，西方个人主义认为，世上有可以脱离群体的独立个人，而个人主义的出发点是个人的权利（自由），人不应为别人而生活。但中国人则认为，个人是通过社会关系的"分"来体现的，讲究责任，因此，个人从来都是为别人而生活。

一个以"权利"为核心价值观的社会与一个以"责任"为核心价值观的社会是完全不同的。作为西方核心价值，自由确立于18世纪末的法国大革命，这与尼采宣称"上帝已死"处于同一个时期。小资产阶级知识分子一方面从基督教教义"人是上帝的受造物"这一概念中解放，另一方面又脱离了对贵族领主的人身依附，首次尝到自由的滋味，认为这是他们与生俱来的（亦即神授的）、不可剥夺的权利。个人与权利之间的冲突需要通过法律来解决，因而在法国大革命之后便产生了现代西方法律基础的《拿破仑法典》，而西方的法律，说到底也是神授的，僵硬的，滞后于社会发展的。我们中国人没有这种宗教观和这样的发展历程，对"分"这个社会关系的依赖比法律更高，同时更多借助贴近社会现实的伦理道德来维系，法律源于人情而不是源于神授，因而也没有天生人权的概念。人要对所有利益攸关者负相应的责任，人与人之间的矛盾和纠纷首先要通过情和理，亦即伦理道德来解决，最后才诉诸法律，而"法律不外乎人情"，并非至高无上。

中国传统文化对人的基本假设是"性本善"，因受后天的影响，"习相远"，结果"苟不教，性乃迁"。但只要通过教育和持久不懈的各种修养手段，人最终还是会"天良不昧"的。中国人讲究"未做事，先做人"，认为德比才重要，先要把人做好，事情自然会做得好。我国向来对于春秋战国时期封建人身依附关系崩溃之后所产生的"士"这个管理阶层，要求特别严格，要"先天下之忧而忧，后天下之乐而乐"。"士不可以不弘毅，任重而道远。仁以为己任，不亦重乎？死而后已，不亦远乎？"按照这样的逻辑，位置越高，权力越大，要照顾的人越多，负担也就越重。因此，有些人宁可逍遥，也不想追求高位，向上爬，负更多的责任。

西方管理认为，做人不是最重要的，把事情做好，把问题解决好比较重要。这是本末颠倒，不理道和势，光从形而下的法/术入手，人做不好，事情迟早也会弄砸的。企业取才需要重德，同时，企业也是通过工作来提升个人道德修养的平台。当然，企业内部的制度化监督制衡、外部的道德压力和法律制裁的威慑力，也起着十分重要的辅助性作用。

德和才的说法比较传统，用现代观点来看有点令人费解。用现代的语言来理解，德是待人处事的态度，才是知识、技能和待人处事的习惯。一个人的待人处事习惯，往往由其所处的社会环境和个人经历所养成，待人处事的态度与个人的价值观念和个人道德修养也不无关系。环境因素和经历可以改变，知识和技能也容易培养和增进，但只要个人道德修养不变，习惯就很难改。德重于才，就是这个道理。

因此，我国的管理体系，小至"齐家"，大至"平天下"，都是从个人的道德修养开始，要求有良好的待人处事态度。传统上，个人修养分为品德修养、文化修养和行为修养三方面，三者是互相联系、互相影响的，这里只集中讨论属于伦理道德范畴的品德修养，亦即儒家"正心、诚意、修身、齐家、治国、平天下"6个层次中的"正心、诚意、修身"的个人修养部分，以此作为"齐家、治国、平天下"管理部分的基础。

在个人修养方面，传统的儒、道、佛都各有其心法，但2 000多年下来，儒、道、佛在老百姓的日常生活实践中都已经融为一体，很难区分。佛家的"诸恶莫作，众善奉行"，已经是家喻户晓。儒家的"格物、致知、诚意、正心、修身、齐家、治国、平天下"阶梯，最终达到"智、仁、勇"三达德和"立德、立功、立言"三不朽，这构成了中国人的人格修养体系。我国从西方引进社会主义之后，也产生了刘少奇《论共产党员的修养》这一经典著作。

儒家的个人修养总纲就是"三纲""五常"。"三纲"指"君臣义、父子亲、夫妇顺"；"五常"指"仁、义、理、智、信"。"三纲"把儒家伦常之道具体化，要求上下关系彼此都要承担合理的责任。"五常"把儒家要求个人修养的项目具体化，较现代的提法可概括为"知、情、意、信、行"五个方面。追求的是"立德、立功、立言"（"三不朽"），名留青史。

道家讲究"修命"，要过一个逍遥快乐的人生。老子的《道德经》既是老子的政治纲领，同时也是对个人修养的要求，他主张"无为"、"知雄守雌"、"知白守黑"和"大朴不雕"，在纷纭俗世中保持超脱，最后羽化登仙，长命千岁。

佛家比较复杂，主要是因为迁就世人的千差万别，方便说教，所以有不同的层次和不同的说法。通俗地说，佛家除了与儒道相通的"诸恶莫作，众善奉行"之外，还要求"自净其意"。但是在这一点之上，不同的佛教宗派也各有其心法。在个人品德方面，佛家认为万法"缘起性空"，追求不执着达到"无我"的境界，一切"放下，自在"。在这方面，佛家跟道家比较接近，但它进一步放下"入世""出世""仙""凡"等区别与追求，达到"自在无碍"、正觉成佛的境界。

在待人接物上，特别是在管理上，我们不时都要面对是非对错的问题。对于佛家而言，善恶只是因缘巧合暂时表现出来的"相"，无须执着，所以禅宗主张"不思善，不思恶""应无所住而生其心"。道家的立足点在先天之道，从道的角度看，没有善恶对错，只是偏离了道之后才出现了善恶，"天下皆知善之为善，斯不善矣"。但是在处理实际问题时，儒家清楚地知道，在形而上层面有没有对错是另外一回事，现实中善恶对错的确存在，正如虽然从量子物理学角度看，人只是各种粒子暂时的组合，但一刀砍下去，是真的会痛，真的出血一样。待人处事必须先有一个是非对错的伦理道德立场，才可以做出正确的抉择。但是，儒家同时知道，对立的极端在一般情况下都是不可取的，因而主张采取中庸之道。中庸之道的一个较现代的意思是对问题做多角度的全面思考，圆融处理，因此，才有要求兼顾"情、理、法"的考虑。只是到最后，情、理、法都要符合"存乎一心"的道理。中庸之道的另一个考虑是拿捏，即所谓"度德量力"，中国人传统上否定追求完美、完满与绝对，认为"月盈即亏"，真理再推进一步，往往便沦为谬论。中庸之道是完美主义的对立，过犹不及，"过"即违反了中庸之道。

有一种说法认为，儒家是"修身、治世、平天下"，道家是"养生、遁世、穷万物"，佛家是"见性、救世、通万有"，此说颇为概括。儒释道三家对世界看法的出发点和最终结论尽管稍有不同，但总的来说，都是提倡从个人修养做起，成为一个高尚和有智慧的人，进而在社会和宇宙中进行实践。从这个角度来看，这些个人修养指引是现代人本管理的精髓和企业文化的核心基础。

罗香林指出，三教归一在唐代"久已普遍朝野"。宋儒周敦颐等把佛学引入儒家理论，形成理学。到了明朝，尤其是明朝晚期，三教合一的思想更成为一种思潮，蔚然成风。[①] 老子认为："大道废，有仁义；智慧出，有大伪；六亲不和，有孝慈；国家昏乱，有忠臣。"仁、义、孝、忠等道德规范恰恰是社会失范的产物，正如企业内部没有互信和自发的纪律，才需要越来越明细的规章制度，人们应该看透这些规章制度，偶然用之以治标，而不是盲目奉为圭臬，并用来束缚自己和企业员工。儒家追求完善道德的伦理人格，佛家要求放弃个人追求入世干该干的事情（"应无所住而生其心"），道家则着重个体生命与道的合一。中国士大夫的人格普遍是外儒内道，表面上是入世的儒家，心底向往的往往是道家的逍遥，以及佛家的来世归宿。因此，当代贯通三家的大师南怀瑾认为："中国文化没有儒、释、道三家的分别，至少没有儒家、道家的分别。中国文化儒家、道家、诸子百家，综合起来，就是一个'道'，但不是道家、道士、道教那个道。什么是'道'？西方人现在正开始认知，叫作'认知科学''生命科学'；中国文化的'道'，就是以这个为中心的。"

事实上，经过长期的相互影响和演变之后，儒、释、道三家已经融入传统文化中，你中有我，我中有你。传统社会中，家家都有一本通书，通书除了是一本日历，用来提示气节、择日选时之外，足本的通书叫"包罗万象"，医卜星相，一应俱全，还载有《三字经》《弟子规》《千字文》《朱子治家格言》《昔时贤文》等通俗的通识教育和待人接物指引，深入民间。网上流传个人修养"谦虚、尊重、宽容"三原则和"静、缓、忍、让、淡、平"六字经，颇能捕捉到中国传统文化的精髓。此外，中国人特别爱读历史，甚至把历史提升到"六经皆史也"这样崇高的位置。《昔时贤文》就主张"观今宜

---

① 参见罗香林的《唐代三教讲论考》。

鉴古，无古不成今”，人民可以从历史个案中，生动地学习和掌握一些做人处世的传统方法。

今天，我国的企业在千方百计地学习和采纳西方管理方法，但是随便问一个外国人，他都会告诉你中国企业的行事作风都不是标准的西方管理模式，都无可避免地打上中国传统文化的烙印。受到儒、释、道无所不在的熏陶，再加上当代普及化的辩证唯物思维，有文化素养的中国人在日常生活、待人处事中，一般都自然地把以人为本作为系统思维、和合思维和变易思维。追溯到最后，源头就是《易经》文化。① 因此，中国人大都不会执着于绝对的善恶对错，习惯包容，实用主义地兼收并蓄，容易适应新事物，甚至和稀泥。在这方面，中国跟西方一神论认为世上只有一种真理，需要说服所有人接受他们所信奉的这唯一真理的认知态度是完全相反的。中国人这种认知态度对解决问题，特别是对有人这一复杂因素参与在内的问题上十分有效，并且更加合理。

受到三教影响的中国人一般对拥有世间物质有比较超然的看法。司马迁《史记·货殖列传》有言：“富无经业，则货无常主，能者辐凑，不肖者瓦解。”我们只是世间物质的代管者。而“富无三代，贫无三代”，“故君子富，好行其德，小人富，以适其力”。一方面，我们能勤俭吃苦，不追求实时的满足，乐于积蓄，以应付不时之需，极不认同那种“今朝有酒今朝醉”，甚至“寅吃卯粮”的行为。同时，我们注重自力更生，“君子以自强不息”，“将相本无种，男儿当自强”。总的来说，中国人认为，个人需要对其行为负责，不会事事归咎于社会，不会仅依靠政府的福利主义再分配，或者自怨自艾。作为“打工仔”，老板给他半斤，他会自觉做足八两。另一方面，在公认道德沦丧的今天，炫耀财富仍被视为暴发的“土豪”，贫富悬殊被视为不公正，到

---

① 参见冯立鳌的《〈易经〉里的思维智慧：思辨之宗，大道之源》。

"逆天而行"这地步时，便将出现"造反有理"。

西方的企业单纯为股东谋取利益而成立，近年来才讲"企业社会责任"，也有少数不以盈利为第一目标的"社会企业"。因为没有西方现代企业起源于高风险的远洋贸易这一历史因素，[①] 中国人没有这个荒谬的传统，对我们来说，所有企业都不应以单纯牟利为唯一目标，都要对所有利益攸关者负责任，因而所有企业都应该是"社会企业"，对社会上所有利益攸关者负起本分的责任。人们普遍认为，企业要有良心，要对社会负责任，不能做"黑心"企业。企业为员工提供了工作岗位，员工借此养家糊口，企业有责任为辛勤劳动的员工提供稳定就业，不轻易裁员。为此，企业与员工同坐一条船，上下要齐心，共同努力争取效益，对投资者提供回报，更重要的是维持企业健康永续发展，维持就业，保障员工一家人能过上有尊严的生活。

中国传统社会曾经做到了以伦理道德为共识，在宏观上起到了抑恶扬善的作用，在微观上着重用人德才兼备，以德为先。在当今全球化时代，中国人的待人处事方式在西方主流之外独树一帜，许多时候让对方难以理解和捉摸，往往占了出人意料的优势，但这也容易引起对手的猜疑和防范。

---

① The Modern Corporation: Origins, Evolution, Attributes, Oliver E. Williamson, *Journal of Economic Literature*, Vol. 19, No. 4 (Dec., 1981), pp. 1537 – 1568. https://www.youtube.com/watch? v = 0c5uvMftJY8.

7

人本的概念

一言以贯之，中国管理学的核心是以人为本，即把人当作人来管理。从这个角度来看，企业是由人组成的，通过人的劳动，为人提供产品和服务，整条价值链从始至终都涉及人。没有人，就没有市场，也就没有企业，更无所谓管理。因此，正确的管理，应全面以人为根本，把人放在核心的位置。①

　　我们常常听到关于"以人为本的管理"的论述，最常被引用的是杰克·韦尔奇说的："我们始终信奉以人为本的思想，始终相信人是我们最重要的资产。"这番话把人看作是"最重要的资产"，因此，要按照人的特性去规范与控制，以尽量发挥其活力和创造力，为企业创造最大的利润，这说到底还是以企业为本，是赤裸裸的奴隶主义，是似是而非的山寨的以人为本的管理。众所周知，山寨产品从来都远比名牌正货多，并且更受欢迎。

　　正牌以人为本的管理，确认人就是企业，企业就是人，二而一，一而二。一方面，企业要有一个所有成员都相信、愿意投身完成的对人类社会有益的目标和愿景。另一方面，管理层的责任就是聚集资源，创造条件，构建一个让大家都能发挥所长的工作环境，根据天理去抓人事，把个人组织成为团队，提供有关的产品和服务给消费者，赚取足够的利润，让这一共同事业能欣欣向荣，并保持可持续发展，以保障团队稳定而有尊严地生活，受到社会的认可和敬重，成员能一展所长，有所发挥，对社会有所贡献。

---

① 请注意："以人为本"与西方的"人本主义"是两个没有关系的概念。

　　只有在上述大框架之下，才能实现狭义的以人为本的企业管理。"以人为本"的思想源于管仲，"夫霸王之所始也，以人为本。本理则国固，本乱则国危"。① 其本意是只有解决好人民这个根本的问题，才能达到"国固"的目的。这用现代语言来说应该是"以民为本"，它在概念上跟今天大家所说的"以人为本"不能完全等同。② 西方的人本思想，是相对于对神和对物质的崇拜而设立的，即对待世间事物，以人为根本。

　　我国的人本思想，主要是强调人贵于物，"天地万物，唯人为贵"。③ 西方在古代也有类似的观点，中国与其不同之处在于，人之上再没有独立意志的神作为最终主宰。中国人的"天"是一种规律，它是没有独立意志、没有喜怒哀乐的。"以人为本"是依靠顺天应人的伦理道德去指导个人的行为，规范整个社会的运作。在企业的内部管理中，"以人为本"的理念较接近"以民为本"的原意：有怎样的员工，就有怎样的企业。这里的"人"，首先是指所有员工这个集体，只是这个集体是由个人构成的，跟西方从个人主义出发的"人"是两个完全不同的概念。我国的人本管理认为，只有解决好员工这个根本的问题，提升员工的素质和能力，才能达到"企固"的目的。

　　国家对国民无法选择，充其量只能把一些有反社会行为的人（即俗称的"罪犯"）关起来，与社会隔绝，使他们不能再贻害和影响其他人民。从"以民为本"这个角度看，国家的重要功能之一就是建立和维护其伦理道德系统，排除反社会分子只是其中的一个子系统，最重要的工作还是通过教化，生产出大量有高尚道德情操、奉公守法的公民。

　　企业不同于国家，它可以通过筛选和淘汰，凝聚一群有共同理念与共同

---

① 参见《管子·霸言》。

② 高放."以人为本"提法的由来. http://big5.china.com.cn/chinese/zhuanti/xxsb/1159753.htm.

③ 参见《列子·天瑞》。

目标的人作为其员工。因此，人本企业，是一个为共同目标而集合在一起的群体，对每一个成员的自觉性、道德、纪律等，都有较高要求。管理层要创造一个"天行健，君子以自强不息"的不断自我完善的环境。著名的企业华为，其企业文化是"互信"，在有共同高伦理道德标准的群体中间才能产生高的互信，有高的互信才能有条件制定简单的制度和规章，从而有放心的授权、顺畅的沟通、快速的反应和调节机制。

以人为本企业的主体是人。"做人"这个很简单和很基本的概念本身就是很中国的，不信，试试将它翻译为英语看看，英语的确没有一个即便是很接近这个词的概念。关键就在"人"这个字，它不是 human、people 或 person。"做"也不容易翻译，它不是 be、do、act 等的意思。

在人本企业中，领导的地位与尊严是从下属发自内心的拥戴中赢取回来的，而不是由上司指定的，因而身为管理层，更要自觉地发挥良好人格的典范作用，越处于高位，对道德的要求也越高。

企业的员工都是自愿上班的，员工对企业没有必然的人身依附，有机会便可随时跳槽。员工之所以留在某一企业工作，纯粹是因为这家企业在某一程度上满足了员工的各层次需求。因此，从员工的立场来说，是企业为员工服务，而员工以付出劳动作为交换。对于员工的管理，人本企业坚持会把人当作自由人来对待。首先，人是有血有肉的生物，不是机器，人的身心状态必然有起落变化，生产力也会随之而上下不稳定。人有惯性和惰性，如果没有外力的影响，通常不会自动改进完善，也不可能有持续不断的恒常表现。其次，人不是奴隶，员工有自我和个性，因而有本位利益、有自己一定的行事作风、有主见、有情绪抵触等非理性的反应。人在进入对抗状态中时，会放弃讲道理，与对手做各种博弈，力求在零和博弈中占先。人本管理要尊重人的这些特性，容忍其表现不稳定，激励其学习和自我完善，承认其自主性和独特性，并提供机会使其潜能得到充分发挥，从而督促其实施目标和自我管理，服从大局。最后，要说服员工告知其跟企业是一个利益共同体和命运共同体，尽量打破零和游戏与博弈思维，达到"君君，臣臣，父父，子子"，各安其位，各尽其责，为共同目标而奋斗，共享成果的理想状态。

对企业而言，资本是企业外部资源之一，企业跟投资者是简单的买卖关系，纯粹是一种利益交换。充其量，投资者的回报跟企业的利润大小，以及盈利能力相关，因而并非定额回报，荣辱与共，只是利益关系比较密切而已。除此之外，对于企业而言，作为利益攸关者的投资者跟银行、供货商等的分别不大。

跟企业利益更加长期和密切相关的员工，因为要维持生计，挣钱养家，所以不可能没有定额收入。但根据上述逻辑，员工在生存线以上的收入，应该跟企业利润挂钩，荣辱与共。员工不单有权参与管理，同时也有权利和义务分担企业成败的各种后果。请注意这并非传统的社会主义，在社会主义理论中，是假定企业通过剥削剩余价值一定能赚钱。马克思所阐述的是宏观政治经济学思想，所有企业的总和，长远而言，一定有利润。① 但是在市场竞争情况下，个别企业未必能赚钱，员工跟投资者一样，有可能把整个青春岁月投下去而血本无归，更有可能面临失业。因此，对以人为本的企业来说，能保障长期持盈保泰、持续发展的经营管理目标，要比传统的追求短期利润最大化更加重要，管理人员要自觉担负起这一项不同于时下教科书要求的重任。

著名管理学家陈怡安教授把人本管理提炼为三句话，即"点亮人性的光辉，回归生命的价值，共创繁荣和幸福"。以人为本的管理把人当作管理的核心，正确认知人的需求，合理满足人的需求，一切围绕着尊重人、发掘人、关心人、

---

① 马克思也没有考虑经济循环的因素，这个概念是在他去世之后才出现的。在通货紧缩情况下，剩余价值不能在市场体现，企业有可能整体亏本，大量倒闭。

认可人、发展人这 5 个层次，而不仅仅把这局限于人力资源管理范畴。①

从运作的角度看，以人为本的意义在于它现实地对待规章制度、宪政、法治。中国人不是不相信规章制度，只是不像西方那样迷信它。除了伦常道德规范之外，在运作上中国人更相信势，要创造一个谁也不能为恶的环境，这才是制定规章制度的关键。因此，中国人认为需要有规章制度，但人是规章制度的根本，由人制定的规章制度最终还是要由人来运作，好人在坏制度中也能发挥正能量，做出好成果，而坏人则往往能破坏良好的制度、做坏事，所以重点应该放在人而不是放在制度上。至于制度的具体设计和运作，只属于术的层次，要因时、因地、因人而制宜。规矩最终要植根于人心，而不是停留在纸上。事实上，纸上的规章制度只能管君子，管不了小人。

从另一角度看，因受数千年小农经济思想的影响，中国人有一套独特的做人之道，能顺着"人道"规律做管理，也就是"以人为本"的管理。一般中国老百姓所追求的，归结起来只有三个字：过日子。

"过日子"这个词是国外所没有的，可以勉强翻译为 live, get by 等，已经完全失去了它的精髓。事实上，网上也找不到能正确地全面解释这个词的文献，但是每一个中国人都完全知道"过日子"是什么意思，这里包涵着中庸之道，"比上不足，比下有余"的婚姻、生命、事业和家庭观。无独有偶，根据美国民调权威盖洛普公司的跨国调查指出，其主席吉姆·克利夫顿（Jim Clifton）在他 2011 年的新作中指出："全世界每一个人最渴望的是一份好工作。"② 从亿万打工者的角度看，也就是"以人为本"的角度，能以提供"一份好工作"、能让员工过好日子为目标的企业就是好企业，这些企业的管理也

---

① 参见 http：// wiki. mbalib. com/wiki/% E4% BA% BA% E6% 9C% AC% E7% AE% A1% E7% 90% 86.

② Jim Clifton. *The Coming Jobs War*. Gallup Press, 2011.

就是良好的管理。

企业以员工为本还是以顾客为本

据说华为不单明确以顾客为本，还系统地批判了企业以员工为本的理念。根据在华为当了 20 多年资深顾问的人民大学吴春波教授的说法："企业的发展有三个命题——企业有前途，工作有效率，个人有成就。其核心是工作有效率。工作没效率，企业就不会有前途；企业没有前途，员工就不可能有成就。当企业不能持续地经营下去，员工将失去在企业工作的权利与机会，到那时，以人为本只能变成一句美丽的谎言。"[1]

这一分析最基本的谬误在于，它把经营和管理混为一谈。[2] 经营一定要以顾客为本，企业的业绩和价值一定要在企业之外体现，这是学界和业界的共识，没有争议。但是管理是企业内部的事情，是如何组织和动员企业内部资源，达到最高的"工作效率"的问题。

华为在创业初期的管理思路，就是它毫不讳言，就地分赃的"海盗文化"和内部充满竞争的"狼文化"。因为市场充满竞争，优胜劣汰，所以企业内部也要充满竞争，优胜劣汰，同样适用森林法则。胜出者（表现好的）多分红，失败者（表现差的）被淘汰。这种文化不单不是以人为本，而恰恰就是它的反面，员工只是企业追求利润最大化而服务顾客的工具，企业中每个人的生存意义就是严格按照企业中部队式的规条努力工作，赚最多的钱，"为钱币，做奴隶"，彻底被异化。

短期而言，这样的企业无疑会吸引到一些勇于赚钱的工作狂，牺牲了身心健康和家庭幸福，夜以继日地蛮干，企业的业绩和个人收入也得

---

① 吴春波. 华为没有秘密［M］. 北京：中信出版集团，2014：49.

② 同①78－81. "均衡：企业经营管理的核心命题"整篇都讨论经营和管理的关系，更验证了这一说法。

到了快速增长，但是一般人在这样的环境之下能坚持多久？企业把这样的现代奴隶一批又一批地淘汰，能永葆青春吗？人毕竟比狼自私和聪明，会为自己着想，尤其是在一个赚钱越多越光荣的环境中，人人为我，只能共富贵，不可共患难，一旦客观环境不好，分赃不理想，大家就散伙了。历史上，就地分赃的海盗能长远吗？

以人为本的理念是我国传统"修、齐、治、平"的治理观念推展，并且明白到人在生存、安全需求之上，还有其他更高层次的需求。对个人更高层次需求的激励，自然会激发其更大的投入，这股庞大的正能量，聚焦于彼此认同目标之上，自然卓越不凡，无坚不摧，能够为客户提供最佳的服务，为社会提供最大的效益。

因此，华为是以经营为主导的企业，依靠严格的制度、铁的规律、巨大的利益推动，以这样的管理系统从事经营，照顾好客户这个上帝。人本企业先从齐家开始，家齐然后国治，客户自然会好好被照顾。这是管理主导的理念，管理好了，纲举目张，经营不是问题。

古今中外，"侵掠如火"的，大多是土匪、流寇、海盗、野蛮部落。这不是王道，也未见长久。狼也不是中国人的理想性格。古今中外不少事例证明，只有管理得好的企业，员工在困难时期才能与企业同舟共济，团队进退有序，而且韧力强，方能渡过困境。

因此，近年来，华为也不再提"狼文化"了，毕竟人是从动物进化而来，再回归动物性本身就是倒退。

8

家的概念和延伸

在现代西方文化中，社会的最基本单位是个人，通称"个人主义"。以前，西方并不是这样的，在 16 世纪欧洲宗教改革，最终从天主教分裂出基督教之前，西方社会的基础单位是教会，人们通过教会与神沟通。新教（基督教）认为，个人可通过圣经，直接联结上帝，解放了个人，开创了西方现代文明。发展到后来，"上帝已死了"，使得根源于上帝的伦理道德成为无源之水，个人主义也顺理成章地成了人各为己，自由主义后来又成为亚当·斯密"无形之手"的核心。到 20 世纪 80 年代流行的新自由主义，更赤裸裸地歌颂贪婪，奖励骗子，等到 2008 年全球经济崩溃，还继续奖励骗子，强逼广大老实人民埋单。至此，西方文明疲态毕露，不能自拔。

受到西方文化的冲击，当代中国人，尤其是受过西方文化熏陶的城市人，也或多或少具有个人主义的倾向。但总体来说，所有实证研究都指向：直到今天，中国社会的基础单位并非个人，是家庭和它的延伸——家族。

家是中国人生活的重心，中国人工作是为了"养家"，一切都是为了家庭利益的最大化。中国人还会把家庭的观念无限扩展，以家庭伦理来解释社会伦理、政治伦理。我们说一个人工作认真负责时，就说这个人以厂为家。表达爱国时，说祖国是家园。表达和平时，说世界是大家庭。在我们看来，家庭是社会，社会是家庭，这两个概念没有什么区别。于是，老师、师傅"一日为师终身为父"，单位领导、上级成了父母，县太爷成了父母官，皇帝成了爷爷，自己成了孩子。①

  在这方面，儒家的理论架构最为完整，并且长期是官方提倡促进的显学，因而影响也最大。儒家认为，个人的社会存在，是从人与人之间的社会关系中体现的，抽离了社会关系，个人根本不存在。同一个人，在家是丈夫、爸爸，在写字楼是会计，买东西时是顾客，与政府打交道时是市民。这种社会关系，叫作"分"。人要"恰如其分"，要扮演好每种"分"所赋予的角色，做到"君君，臣臣，父父，子子"，尽其分内所要承担的责任和义务，便天下太平。《战国策·蔡泽见逐于赵》中蔡泽有以下之说："主圣臣贤，天下之福也；君明臣忠，国之福也；父慈子孝，夫信妇贞，家之福也。"不然的话，"君不君，臣不臣，父不父，子不子"则天下大乱。

  至于为何要安于本分，而不做"非分之想"。中国人很相信天命，天命之所归，是谁也不能改变的。以前的皇帝称天子，作为天子，就有天子的分，要治理好国家，而臣民的分是帮皇帝的忙，也就是帮老天的忙，"君君，臣臣"由此安立。用现代语言来表达，就是家和它所诞生的国是一个利益共同体，我们无可选择，必须共同服从于一个天命，在这宿命之下，形成了命运共同体。为了共同利益，共同体总要有一个人能够做主，说了算。操这大权的人是要为其决策权力负责的，一切后果由他来承担，这是为君之道；其他人无须负责，但要全力配合，这是为臣之道。现代政府的"问责制"、企业的"负责制"，说到底也就是这个意思。只是对政府而言，它不能选择人民，对企业而言，劳资相互都有选择权，"良禽择木而栖，贤臣择主而侍"，我们要找好的企业，找"真命天子"好老板。对以人为本的企业来说，它首先要做到是一个能凝聚员工士气、有效提升集体和个人福祉的利益共同体，然后再提升为命运共同体。

---

① 中国人心中家的概念. http://blog.sina.com.cn/s/blog_629317730102dsmk.html.

以人为本的企业要模拟营造家的氛围，首先需要构建一个共同愿景，将企业的目标与员工的期望融合在一起。员工在实现自身利益和目标的过程中，认识到自身利益，并明白自身利益从属于集体利益，不可分割，是一个利益共同体，从而员工会自觉地以集体的共同利益和目标为重，求同存异、积极合作，这就是所谓团队精神。在利益共同体这一层次，员工和企业的关系还有功利的的元素和考虑，但理想状态的家基本上就是一个"各尽所能，按需分配"的共产主义社会，基础是互爱、互信和互惠。退而求其次，我们可以说理想的人本企业应该模拟"各尽所能，按劳分配"的社会主义社会，这亦是"小康"与"大同"的分野。

对于管理人员而言，他们相当于一方大员，亦即一家之主，成员往往对他们有很高的道德要求。请注意，我国传统的家族领袖讲求"德高望重"，而儒家的"三达德"只提"立德、立功、立言"，却没有涉及个人能力。我国的人才观长期在德与才两者之间摇摆，最后的结论依然是"德才兼备，以德为先"。孙文说"天下为公"，毛泽东说"为人民服务"，都是同一个道理，在利益共同体中，要求领导摒除私心杂念，尽心尽力公平地照顾下属。

西方要求个人不要为别人而生活，事事追求个人的权利。而中国人恰恰相反，作为家的一分子，就要尽这个分，负这个责，无时无刻不为家庭、家族及其成员生活而努力。中国人的责任，是天上掉下来的，孟子云："天将降大任于斯人也。"没有道理好说，只能认命，并按天命行事。中国的小孩从小就习惯要负责任，尽本分做人。《三字经》里说："扬名声，显父母。光于前，裕于后。"连小孩子读书，也不光是为了他个人，而是为整个家庭和家族而努力学习。个人则从"诚意、正心、修身"开始，逐步往外"推爱"，到"齐家、治国、平天下"。

而爱的最初起点，是家人，一个人若连家人都不爱，不可能会爱更疏远、更抽象、更广泛的社会群体。而爱家人的起点是小孩孝敬父母，因而最后聚焦于孝道，认定"忠臣必出孝子之门"。古时刻《孝经》，歌颂和推广"二十四孝"典型，以此更加强化家庭的核心作用，以及孝道、爱家的伦理思想。此外，别小看齐家，要能够家庭和睦，后代健康成长，成为顶天立地的人也不容易。而一个看重家族荣誉的人，他的行事作风不论怎样都会有一条底线，那就是不能败坏家族声誉。有了这条不能逾越的底线，这个人怎样坏也坏不到哪里去。家庭普遍稳固，社会自然就会安定。而过去的家，往往是数代聚居上百人组成的大家族，这无疑是领袖培训的好场地，而一个能把家族事务摆平的人，一定是出仕当官的好材料。今天我们物色管理人员，家庭幸福是一个必要的条件。家庭破碎，心不在焉，夜不能寐，根本就不可能集中精力做好工作。

直到今天，一般中国人都是家 > 企业 > 社会 > 国家 > 国际 > 地球 > 宇宙这样往外画圈的。因而要注意，中国人对于"家"的概念跟西方是不一样的。西方家庭最重要的功能是两性结合，培育后代，政府给予相对的政策。"中国的家族是以扩大的血缘关系为基础，以父权为主的社会职能单位。而中国的家，小到一个家庭，大到一个扩大家族，甚至是一个宗族，扮演的角色功能可非常多，教、养、卫全部都在其中。现代政府所承担的社会职能可在一个家族中间完成，包括社会福利、社会保险、教育功能及对外保卫等。"[1]

日本同样受儒家文化影响，但中国人的家与日本人的"家"不尽相同。中国人的家，是父系血缘的延伸，日本人的家却是一个生活共同体，即大家有缘在一起，就彼此照顾，提高共同福祉。古代日本可以让没有血缘关系的管家入赘做养子，并继承家业，因此，日本人的家，其实是一个因缘分就地凑合的集团，形成了著名的"集团主义"。日本人向别人做自我介绍时，往往先介绍自己所属的团体或公司，而不是自己的工作性质，而别人所最关心的，

---

[1] 参见 http://www.chinavalue.net/MiniBlog/Comment.aspx？tid＝30001.

也是他所属的团体。

过去，在我国计划经济时代，小而全、大而全的企业是一个小社会，个人与单位紧密相连，企业工作人员向别人介绍自己身份时强调"我是 XX 单位的"，集体主义的倾向很明显。但终身雇佣制这个"铁饭碗"一打破，中国人的群体需要再朝延伸性的血缘关系靠拢。由于方言和生活习惯等种种因素，这种延伸性的血缘关系多少带有声气相通、荣辱与共的特色，个人在这个圈子中较易跟别人相处，不易被欺骗、出卖。总的来说，中国人的家，是一个更有选择性的命运共同体。但是中国人的社交性较强，处于一个陌生的环境，通常会以宗亲、同乡，甚至同姓等泛血缘关系来制造多元接触机会，张开社交网络，不会像日本人一样简单地认为自己只属于一个集团，对集团内外画圈，对圈外人非常冷漠无情，断绝交往。①

这种文化差异对管理来说很重要。简而言之，日本人习惯接受以企业为家，成为"××人"，而我国很多企业都想达到这一效果。

我们不妨比对一下马斯洛的需求层次理论，中国人和日本人的家就能完全发挥这些功能，但西方的企业则只能解决生存需求，许多时候连安稳都达不到，更不用说归属了。但是，日本这种集团主义是源自封建主义终身雇佣制的副产品，自 20 世纪 90 年代日本经济增长停滞以来，集团主义就随着终身雇佣制的萎缩而凋谢。在中国，除了近数十年来的政府机构和国营企业之外，民营和外资企业从来都不是采用终身雇佣制度，充其量只是企业雇主和员工之间心照不宣的一种默契，这种默契的另一面是"合则留，不合则去"的自由组合。员工对企业的忠诚，取决于东家好不好。你企业只把我当作呼

---

① 中国学者尚会鹏认为，日本人是"缘人"，不安全感高，较容易组织，对企业献身精神高；中国人是"伦人"，血缘本位，较难组织。参见 http: // big5. ifeng. com/gate/big5/v. ifeng. com/history/ wenhuashidian/201103/f746c7ff - 2fc2 - 4823 - a4ae - cf0d7b84f876. shtml.

之即来、挥之即去的合约式摇钱树，我是不会自作多情地把你企业当作家的。到某企业打工，是我的选择，"良禽择木而栖"，沾沾集体的光，你给我半斤，我也还你八两，心安理得，两无拖欠。

从管理角度出发，如果企业跟员工只是短期的买卖合约关系，那么管理者就只抓短期的效益和回报，把员工驱使成工作机器，弄到身心交瘁，燃烧净尽，生产利润下降时，便弃之如蔽屣，再换新血。这就是西方管理的传统思路和做法，多少事例说明，这样对个人、家庭、企业和社会都极为不利，只是习惯了，久而不闻其臭，更积重难返而已。

这就又回到"君君，臣臣，父父，子子"的儒家基本道理。我国古代的老板亲疏有别，虽然不会像日本人那样随便把非血缘的外人变成家族中人，但作为东主，他也有他东主应尽的分，要处理好企业与员工的关系，要善待员工，这是属于"齐家"范畴的事情。企业要跟员工唇齿相依，荣辱与共，彼此融合成为一个利益共同体、命运共同体，这才有可能自然产生"××人"的企业文化。

某些聪明的现代日本企业家也明白这个道理。日本"管理之神"稻盛和夫在他的著作《人生与经营》一书中表示："无论现在还是将来，公司永远是员工生活的保障。"他把自己京瓷17亿日元的股份赠予1.2万名员工。许多员工选择身后葬于公司墓地，墓碑上写着：为那些永生不愿离开京瓷的人。这就是利益共同体的体现。

如果企业跟员工是一个利益共同体和命运共同体，那么劳资双方就都要从长远的视野来关心员工的身心健康、个人成长和家庭幸福，因为这些与企业业务没有直接关系的事情到最后都跟生产力有莫大关系，所以企业一定要关心。企业既然是员工的家，用现代的语言来说，实际上接近集体所有，那便要求企业开诚布公，让员工参与，关起门来一家人什么话都好说，什么事也好商量，打开门便上下一心，一致对外。

9 | **领导模式**

西方管理依靠科层制，自上而下，领导的权威在于其在科层中的位置，以及随之而来的奖罚权力和对信息的垄断权力，下属只需要在行动上服从上司即可，而不要求他从心底里信服。人本管理的基本精神，就是领导多于管理，信息上下左右流通，上司只是下属的资源中心、协调者和调解员，并拥有最终否决权。员工能够寻找到工作的意义，从而充分发挥其潜能。领导的权威不在于其在科层中所处的位置，而在同事的心中。

先修己，后安人

过去200年，我国管理理论和实践受到了欧美和日本等多国的影响，非常杂乱。但是以中国如此深厚的文化沉淀，以及难以想象的包容性，中国人在哪种管理方式下都能适应，虽然骨子里我们还是有自己的一套体系。

中国式的以人为本的领导方式认为，领导需要得到被领导者的认可和认同才能有效领导。这跟西方标准的韦伯理论不大一致，西方的企业领导者需要被认可，但不一定需要被认同。中国人懂得从自己的本位利益出发，独立思考，而不会盲从。这是我国超过2 000年自由人传统的结果，如果要成功领导有自由意志的下属，就一定要得到他们的拥戴，所谓"得民心者得天下"。因此，领袖的作用就是"顺天应人"，顺着上天的意旨去响应群众的要求。至于领导的方法，中国人知道成败许多时候有各种不可预见和不能控制的因素，因而不喜欢"以成败论英雄",不会完全认同美式的"目标管理",也因为在历史上经历过不知多少分合折腾,所以知道"天道无常""自力更生"的道理,不会像日本人那么迷信集体。被誉为"中国式管理之父"的曾仕强把中国式管理总结为"修己,安人"。① 我不赞同他从这里引申的许多具体内容,但这样的总结,在理论建设上已经是一个突破,关键词是一个"安"字。

无论你采用什么管理模式,员工是全力以赴,或者阳奉阴违,取决于他们是否尽心尽力,取决于他们安或者不安。中国人做人处事,最终是"但求心之所安",心安就是合理,因而对应该如何对待"三年之丧"这个重大问题,孔子的答复是:"汝安则为之。"就算上升到"平天下"的层面,追求的也只不过是"国泰民安"而已。

中国人讲究"未做事,先做人"。管理人员首先需要"修己",然后才能"安人",因而对管理人员从一开始便有道德伦理的要求,那就是明白不论做什么事,都要合乎"道",要讲道理,要"替天行道",亦即所谓"盗亦有道"。要做到这一点,正确的进阶是"格物、致知、诚意、正心、修身、齐家、治国、平天下"。而管理属于"齐家"、"治国"和"平天下"的范畴,企业管理只不过是雕虫小技,是"齐家"之道的延伸。而"齐家"之道,就是成员"各安其分"。"安"于其的社会角色,就是"行其位",就是"敬业",而做到符合这个社会角色的要求,就是"素其位",亦即"乐业"。因此,从果往因推,"安"是良好管理的充分条件。

由此观之,先修己后安人的中国式管理,是以人为本的最圆融的管理哲学和模式。要成为一个好的管理人员,首先就要从自己出发,修养好自身。要进行有效的管理,则在于重视服务于下属("为人民服务"),让他们安分守己,自觉地做好工作,从而达到管理的目标。

---

① 曾仕强. 赢在中国式管理 [M]. 广州:广东经济出版社,2010:3.

实用主义

中国人不是生活在抽象和理想化的概念里，而是扎根于现实生活当中，中国人的人生理想都是现世的、实用的，但不一定是庸俗的。"未知生，焉知死。"中国人不去追求虚无缥缈、形而上问题的答案，他们人生的终极意义就是过好日子，从追求自己生活得幸福，家人生活得幸福，最后到全世界人都生活得幸福。"穷则独善其身，达则兼济天下"，这就是"齐家、治国、平天下"的道理。这里唯一形而上的东西就是"替天行道"，但因为"天视自我民视，天听自我民听"，所以"天"这东西也不是看不见、摸不着的。能让周边人过好日子的人，会受周边人的敬重，并且"名流青史"，而这"青史"，也是实实在在的牌坊、碑碣、族谱、地方志等。

因此，中国人是务实的，不会崇拜权威，故步自封。即使贵如皇帝，也同样要"替天行道"，为人民服务，不然的话，"君之视臣如草芥，则臣视君如寇仇"。造反的陈胜、吴广被放进《史记》帝皇部分的"世家"，连儒家都这样看，更不用说在四大名著中大闹天宫、梁山聚义所体现的叛逆思想了。

由于有 2 000 多年自由人的传统，且国家幅员辽阔，山高皇帝远，中国人习惯了自力更生，独立思考，"帝力于我何有哉"。中国人从来都不是顺民，之所以不轻易起哄闹事，纯粹是因为他们不盲从民粹，人人背后都有一个算盘，知道稳定的好处，"哪个皇帝不纳粮"，未到万不得已，不会打破现状，以免得不偿失。连带中国民间的神，我们追溯考证一下，都会发现他们其实大都是生为社会敬重的人物，死后被修庙供奉，香火越旺盛，这神便越灵验，据说这正是"天人感应"的现象。神如不好好回馈善信这些供奉，人民是会反击的。古有汉朝陈知府求雨不遂，怒砸土地庙，连土地爷也被扔进河里喂鱼。中国的土地爷也是要问责的。人们觉得不合理的东西，大家都懂得阳奉阴违，"上有政策，下有对策"。窝工，把不合理的东西消化掉，一般不会站出来硬碰硬。但当底线被侵犯的时候，有自由人传统的中国人的叛逆性则会很强。

因为受到《易经》的影响，中国人也不会相信世上有永恒不变的真理，所以也不会因循保守。加上有 2 000 年科举制度的影响，有既定的公平向上的流动途径，中国人相信"万般皆下品，唯有读书高"，教育能改变命运，从小就养成尊师重道、努力学习的习惯，因此，中华民族是一个爱学习的民族。尤其是改革开放以来，今天的中国人可谓是全世界最有好奇心的民族，不论是什么未接触过的事物，人们都要尝试一下，不好，就丢弃。更有意思的是，我国最高的决策层政治局常委，每个月都搞一次学习，这是全世界首创。现在连最高层都尊重新知识，终身学习，"不耻下问"，可见，上行下效，举国都继承着追求"苟日新，日日新，又日新"的传统。

因为中国人不盲从，不迷信唯一真理，愿意学习尝新，所以他们能实事求是地评估问题与对策，综合各种因素，因时制宜、因地制宜、因人制宜，不拘一格灵活地谋求一个大家都认可的处理方法，亦即现代所谓"双赢"的出路。对中国人来说，你好、我好、大家好，人人都心安理得，各有所获的结果就是好结果。能经常达致这良好结果的，也就是好管理。

重人事，轻制度

根据西方管理的基本教导，首先，一个企业要有一个组织结构图（organization chart），组织结构图的第一个目的是设置职能部门，使员工知道自己属于哪个部门，清楚他在企业中的位置和角色，其他部门的事情不要多管。其次，要定上下级关系（line of command）：谁是自己的上司，他要听命；谁是自己的同级，是竞争对手；谁是自己的下属，他可以指挥。最后，每个员工在正式入职之后，都会有一份岗位说明，详细列出他的职位、权力和职责，文件上没有的权责，那就事不关己，切勿劳心。一般人如果进入一家没有明确组织结构和岗位说明的机构，会茫然不知所措。当然，之后还会有各种规章制度、手册、指引等，林林总总。事实上，整个 ISO（国际标准化组织）管理标准，就在于建立一套巨细无遗的完整手册系统，让一个即便智商较低的人也能很快适应工作，尽少出错。很明显，这是标准的机械化管理和奴隶管理的滥觞，但却在当今被奉为管理的圭臬。

在社会学领域，这叫作去技术化（deskilling）。① 项目流程被分割为无数简单而重复性强的小工序，技术工人被机械或半技术和非技术工人所替代，一举降低成本和提高系统的稳定性和可靠性。从中长期来看，员工成了供应源源不断的标准元部件、企业的螺丝钉，随时可以被替代、被抛弃。这样企业就大大节省了培训成本，并且弱化了工人的讨价还价能力。

从管理角度而言，去技术化是非人性化的，最终将导致绝大部分员工变成冗员。但是企业所要面对的问题在许多时候是复杂和系统性的，需要用"科学发展观"统筹兼顾方法，支离破碎的管理只可能头痛医头，脚痛医脚，往往接触不到问题的关键，或者在解决问题时事倍功半。于是，我们便见到许多企业和政府，需要不断成立各种跨部门的协调小组，订立各种规条指引，结果还是忙不过来。

问题在于工序碎片化、人员去技术化之后，系统一旦出现问题，便不知如何切入，难以介入解决问题，往往一发不可收拾。② 日常而言，我们今天已经习惯了维修等同于更换元部件，基本上已经没有维修这回事，这就是现实。长远而言，人类在不断把战术性决定交给智能水平越来越高的机械来拿主意，

---

① 参见 http://en.wikipedia.org/wiki/Deskilling.

② Deskilling and The Cul-de-Sac of Near Perfect Automation. http://www.macroresilience.com/2013/05/09/deskilling-and-the-cul-de-sac-of-near-perfect-automation/.

自己只做战略性决定，或者出现事故时临时介入。在不久的将来，逻辑上有自我完善、自我延续和繁衍能力的机械很可能会全面取代人类，人类将沦为奴隶或宠物，这是我们需要严加警惕的趋向。①

从管理角度而言，去技术化不是人类文明应该前进的方向。长远的恶果如上所述，去技术化管理过于粗疏，无法管理大型复杂系统，而我们日常却无时无刻不生活在各种大型复杂系统之中。自然生态是一个大型复杂系统，人类社会也是一个大型复杂系统，只不过以前我们因为能力所限，所以只能对它们做盲人摸象的认识和头痛医头、脚痛医脚的处理。今天，人类破坏大型复杂系统的能力大增，随时都有可能为自己带来灭顶之灾，我们需要把奴隶管理像现代医学淘汰巫术般清除，但是现代有操作意义的系统科学只出现在 20 世纪后期，而且要在计算机科技普及之后，才能有效运作大型复杂系统，真正的科学管理革命因此姗姗来迟。

中国人在文化上从小就习惯了整体地看问题，凭感觉走，这是系统思维的基础。我们一方面接受要有规章制度，但另一方面却更加相信任何规章制度从来都是由人建立、由人运作、由人改进、由人破坏的，因而人在做决定时，不能一成不变、一刀切，需要从实际出发，因时制宜、因地制宜、因人制宜，还要兼顾情、理、法等考虑。不这样的话，结果便不能达到圆融共赢，"一法立，一弊生"，解决旧问题，带出新问题，后患无穷。

我们接受了要有组织架构，但这个组织并不是西方传统管理学所说的带着先验味道的功能，而只是一种工具。当然，"工欲善其事，必先利其器"，好的工具是必要的，因而好的组织、规章制度等也是必要的，但是工具能不能发挥作用，在于管理，特别是管理者。组织的成败，关键在于领导，领导无能或失德，便会有团无队，缺乏战斗力。如果组织内部互不合作，各行其

---

① Bill Joy. Why the Future doesn't Need Us. http://www.wired.com/wired/archive/8.04/joy_pr.html.

是，议而不决、决而不行、行而不力，那么这个组织就是废物。东汉的仲长统对此有精到的见解："君子用法制而至于化，小人用法制而至于乱。均是一法制也，或以之化，或以之乱，行之不同也。"①

这种中国特色思考方法，因为具有很大的随意性，无法量化表达，以及做简单的总结、重复和传授，所以绝对不能以去技术化的手段来处理。从20世纪西方工业社会的机械科学观来看，这样做无质量保障，无法机械重复，是艺术多于科学，是人治。在大家都高呼要实行法治的今天，提倡人治起码犯了政治不正确的罪名。但要注意，我国法治向来的意思基本上只包括两条：第一，依法治国；第二，天子犯法，与民同罪。这跟自由主义者所鼓吹的那种把虚无缥缈的"法制"放到至高无上的所谓"法治"中，根本是两码事。而西方那种理想化的法治，有它的历史和文化根源，路由不同，我们无法仿照。更根本的是，西方所鼓吹的法治不能解决制度始终需要由人来运作所带来的从哲学到现实的种种问题。自由主义法学专家所津津乐道的当代法治阶模，是美国人民和平接受最高法院对2000年总统选举结果的裁决。② 但他们忘记了，法院自己是不会做裁决的，做裁决的是最高大法官，法官也是人，也有其政治理念，以及利益和文化价值观的偏颇。由共和党委任占大多数的大法官团决定得票较少的共和党候选人当选，这恰恰就是人治，不是法治。中国人并不相信唯法制论，而是坚持有法制论，这并非简单的人治，而是法制基础上做系统综合考虑的管治艺术。

西方现代法治的观念，除了承继了最终的法源来自至高无上的上帝这一传统之外，还建基于18世纪启蒙时代和工业革命的影响。从牛顿的机械宇宙观和科学观出发，西方现代法制的基础《拿破仑法典》的制定者认为，法律

---

① 吴慧. 中国古代管理思想［M］. 北京：企业管理出版社，1986：194.

② 参见 http://www.dummies.com/how-to/content/supreme-court-case-study-bush-v-gore.html.

也有万世不变的自然法则，而人则需要服从这些自然法则。英国人就不相信这一套，索性连宪法都没有，判案以案例为主要依据，给予法官很大的酌情权，让他们能按照社会的实际情况去发展法制。[①] 说到底，普通法是典型的人治，并且十分成功。

而我国"人治"当中治人的"君子"，亦即落实法制的领导，从来都是通过系统培训和考核，在高度竞争的环境中筛选出来的，具有较高品格和能力的精英。"君子"一旦"失德"，便要准备面对"天怒人怨"的报应，被淘汰出局。这是系统思维中有特定意义的人治，并非简单的望文生义，以及随便可以胡来的"人治"。

随着系统理论和信息科技的发展，人类对于系统的认识逐渐深入，以及对系统控制的能力大大提高，我们对世界的看法已经逐渐改观。我们今天知道宇宙的规律其实是在混沌无序中形成的，西方管理学慢慢抛弃机械物理模型，转向具有智慧的生物世界取经。我们有更复杂和精准的工具来交换和整合海量信息，协调大型复杂系统同步工作。这些理论和工具的发展，都促使我们对传统的规章、制度和组织方法产生很多不同的看法。从向来走在管理前沿的军事科学和实践中我们可以看到，未来的打法注重信息的大量搜集、整合和实时分享，多部门的衔接协调，以及一线的酌情反应，而不是一个个方阵往前冲锋陷阵。当代战争不是越来越整齐，而是越来越混乱。

灵活资源组合

在可预见的未来，由于去技术化的结果和管理学的发展趋向，大量日常

---

① 参见 http：// www. law. berkeley. edu/library/robbins/CommonLawCivilLawTraditions. html.

的决策和工作，特别是在可控制的环境之下所做的重复性工作（即传统的流水生产线）将由智能机械所替代，并由低层员工做监督和介入。剩下来做系统控制和战略决定的少数"知识工作者"（knowledge workers）的地位和作用，起码在短期内将更加突出。我们越来越需要一专多能的高素质综合性人才和灵活协调的小组运作。

在有关当代战争的电影中，[①] 我们发现小组行动指挥官在控制室中，能同时看到从卫星或无人侦察机提供的现场俯瞰全景，以及主要从现场人员头盔摄录镜头提供的近距离影像。此外，现场人员不停地报告他的下一步行动，以及需要的配合和支持。指挥官据此实时信息，掌控情况，并根据现场人员所做的战术决定是否配调支持，其中他最大的权力在于行使否决权和结束行动的决定。

这样的组织和打法，要求资源下放、信息下放、权力下放。当上司的，要知人善任，尊重下属的意见和建议，把事情交给下属之后，不干扰下属行事。但再怎么无为、弃权下放，做上司的都要时刻监督执行情况，并保留最终否决权，但是不要经常用。反过来，下属也要尊重上司，先把自己掌握的情况和行动的整个思路、计划不时向上司请示，得到上司的同意了再做，上司不批准的事情，就再等一等，这样才不会出乱子。

企业管理也一样，这种新的组织和运作模式在于把日常事务标准化、模块化、程序化，尽量交给计算机和非技术人员做去技术化管理，以降低成本和维持系统稳定，释放出资源处理非日常性的事务。以我的经验来看，在执行的层次，处理非日常性事务、非重复性事务最有效率的方法就是尽量把事情项目化，所谓项目，就是有特定而清晰的具体目标，有特定的资源和人手预算，有开始和结束的日期。立项之后，企业指派两三个员工找到适当人选

---

① 最能全面细致表现小组打法的是电影《黑鹰坠落》（*Black Hawk Down*）。

组成自我管理小组（self-managed group），项目从筹划、执行到结束全面被包办，在项目完成、总结之后，小组解散。这样，不同的员工都会有机会领导不同的小组。许多时候，较低层的员工甚至会领导成员，包括较高层和较有经验同事的小组，这是非常有效的内部培训，也有助于发掘人才。

项目管理的关键在于指挥项目小组的负责人要做好整体规划，提供必要的物资和培训，在项目进行中，小组领导要全盘掌握情况，协调各成员，适当调配资源做支持，并且在有需要时，运用否决权。"项目管理"和"自我管理小组"都是现代西方流行的管理方法，目前已有很多的相关论述，这并非本书的重点，不赘。从以人为本管理的角度来看，这种现代特种兵打法的执行模式不但更能充分发挥员工的现有能力，而且通过在不同的项目小组中扮演不同的角色，处理不同的问题，培养了员工个人一专多能，以及与同事之间的团队精神，最能符合本书对员工和企业的要求，并且最能适应千变万化的客观环境。在美国的一些高科技公司之间，这种打法已经逐渐流行起来。

这种打法，我们中国人，尤其是南方沿海地区的人最容易适应。第一，我国盛产"差不多先生"。这类人右脑相对发达，感觉敏锐，学习快速，不喜欢狭窄和严谨地掌握事物和思考问题，联想力和创造力丰富。20世纪90年代后的"新人类"成长于图象思维环境中，右脑特别发达，当中一些左脑也发达，能驾驭文字和做逻辑思考的，通常具有本科以上的学历，便是很好的一专多能人才。第二，我们习惯了不管三七二十一，打赢了再说。这才有"摸着石头过河""捉到老鼠就是好猫"等说法，这对于什么事情都要求"有没有预案"（Do you have a plan）的西方人来说都是匪夷所思的行为。第三，我们非常有弹性，能自动根据客观情况和自己的本分做出调节和拿捏，该服从的时候可以非常服从，要拿主见的时候，也很有主见。在中国，大家都习惯了不管是哪个部门的人，老板高兴给谁做就给谁做。外国人则完全按照组织结构和岗位说明要求来，我不是这部门，或者职责之外的事情不能做。第四，灵活组合的小组运作最适合中国人，因为中国人更喜欢跟相熟和信得过的人合作，人一多，便自然分党派，出现内耗。

从小组打法出发，组织中便自然分化为高度灵活的做战略和战术决策的人员，以及单调重复、僵硬死板的去技术化执行人员这二元结构。我国传统管理，向来都有"官"和"吏"的设置。"官"与"吏"的区分，是我国古代政治制度中的一个基本区隔，官就是官，吏就是吏，吏永远升不上官。官是外来的，三年一任，清代地方官平均任期一年半左右。而吏则是当地的，扎根在当地，许多时候还可承继。

过去，我国的官僚体系影响着西方现代政府的系统结构。一般来说，官员有政务官员和事务官员之分。前者大多数是政治任命，有特定的任期，通常与由选举产生的元首共进退；后者是长期任职的公务员。官是政治家，具有政治理想和执政理念，根据自己的施政理念来管治辖区。吏则是技术员，他的任务是为自己的顶头上司服务，运用自己的经验和技术，落实上司的计划，并取得最佳效果。官最高可以上升到领导，吏则最高只能当次官。在企业内部，粗略而言，官和吏是工程师和技术员的分别。官要求见识广博，一专多能；吏则只要求熟练专注。

吏是官与民之间的必要桥梁，以往他们一般是考不上举人的秀才，今天是考不上大学、只有大专和职业教育学历的人。吏的特点是专业化和当地化，一般一辈子只待在当地，一辈子只专注于某一专业、某个部门。吏的基本要求是老实，注重执行细节，富于常识，临危不乱。吏大都明显地工作勤恳、处事公正、待人忠厚，虽然未必热情。

吏由于缺乏上升和发挥的空间，理论上，他们在马斯洛的第五层次"自我实现"上是不完全的。我们要鼓励他们追求日本式的自我实现：在很窄的执行范围上，尽量做到完美，因而得到同事的认同和敬佩，生活无忧。要是在吏中间遇到突出人才，也一定要给他们上升为官的机会和培育，不要浪费。

重长远，轻短线

"香饵之下，必有死鱼；重赏之下，必有勇夫。"中国人非常明白这个道理，但一般都只拿捏为赏罚分明，而不会像西方企业那样，把员工收入跟个人和部门业绩直接挂钩，然后追求每季递增，层层加码，通过达成指标之后的奖励对员工极尽压榨之能事。对员工来说，这种长期身心透支的结果是，心力交瘁，健康严重破坏，家庭不和，表现下降，员工被榨透榨干时，企业便掉头不顾地把他们抛弃。但大部分员工也不笨，他们懂得磨洋工，待老板一踏足出门，便鸣金收兵。于是便有更多的考勤表格要填，更多的考核指标要完成……一场猫和老鼠博弈的游戏便越玩越起劲。

在这场游戏中，上司和下属、企业和员工处于对立地位，大家共同处在一个零和游戏中。此外，劳资之间只是一个有期限的契约关系，而契约关系的性质通常都是零和游戏。企业对员工像奴隶那样榨干，然后抛弃，而员工自然有他们的对策。当企业中大部分员工之间都有默契与资方对弈的时候，管理层实际上便不能为所欲为了，企业处于一种低效率运转的亚健康状态。这恰恰就是现实世界中大部分企业的处境。企业的最高层仍然需要不断创造短期业绩，才能保住他们的高薪厚禄，压榨既然行不通，于是便把大量工作外派到劳动力更为低廉的国家和地区，甚至造假业绩、假账等。这样一来，整个西方产业便全面空洞化，缺少了能产生真正价值的经济活动，慢慢成了一个大赌场，最后终于酿成了 2008 年的国际金融危机。遗憾的是，西方文明并没有真正吸取教训，而是继续这种瘦 99%、肥 1% 的游戏。

历史上，文明跟野蛮直面时，往往都是文明方吃亏。欧洲两个罗马帝国都是被我国驱逐的野蛮民族和他们再打败的野蛮民族所攻陷的。晚清时期，我国也是吃了西方野蛮民族"坚船利炮"的亏。同样道理，面对着不顾一切、追求急功近利的西方经营管理，这里鼓吹以人为本的王道模式许多时候会缺乏对手那种爆发力，以及为求目的不择手段的狡诈，因而有被挤压、被淘汰的危机感。正如美国的长期研究所显示，其实有机耕种长期平均产量并不比使用大量农药化肥的现代耕作方式低，收成反而更加平稳，[①] 但短期却好像输了一样。尤其是在一些竞争激烈、产品周期短的行业，如信息科技，企业说到底不能不追求短期突出的业绩，因而不能放弃压榨式管理，美国加州硅谷的企业虽然以人性化出名来吸引和留住人才，但这只是表面现象，实际上是加倍的压榨，只是人本管理的山寨版而已，因而人员流动率也十分高。

对企业来说，一次战败，就有可能是致命的，不能轻而视之。我们只能说，竞争的成败，会受到许多因素的影响，往往战略上一子之错，便会满盘皆输，在战术层次上，管理如何并非决定性因素，而渡过难关才是企业可持续发展的必要条件。古今中外有不少事例可以证明，只有管理得好的企业，在困难时期员工才能与企业同舟共济，团队进退有序，而且韧性强，方能渡过逆境。要做到这一点，企业与员工之间不单只是没有感情因素牵涉在内的契约关系，甚至不仅是共同收获与分享的利益共同体，而是唇亡则齿寒、整体共同进退的命运共同体，彼此都要习惯重长远轻短暂、重义轻财的氛围，以及不计较短期的荣辱得失。这里除了感情的因素之外，以人为本的企业要确立企业与员工是二而一、一而二的观念，企业是所有员工的理念共同体，员工并非简单地为钱上班、为企业打拼、为老板卖命，大家是为共同目标而奋斗。因此，管理层要让企业信息透明，开放员工参与，勇于开放和改革，不断自我完善，要使员工觉得能掌握自身和企业的命运，并且坚信通过集体努力，明天一定会更好。

---

① 参见 http：// www. sare. org/Learning-Center/Bulletins/Transitioning-to-Organic-Production/Text-Version/What-is-Organic-Farming.

重战略，轻战术

战略和战术的分别是，战略决定什么是问题，战术则关注如何有效率地解决问题。若战略正确，则可以掩盖数个战术上的错误，最后仍有可能赢得胜利；一旦战略错误，打起来往往事倍功半，打败了是枉死，纵使胜利，但因为打的是一场错误的仗，所以企业得到的并非与企业目标兼容适应，往往是平白浪费了资源。虽然解决问题关乎效率，但只有正确地解决问题，才会为企业真正创造效益。对待竞争也是如此。一般人目眩于市场中各种竞争手法，很容易便认为非要用欺压式的手段不可。成败的真正关键之处何在？事实上，往往在于市场定位等所谓市场学 5P（产品、价格、渠道、促销、包装）的战略决策。《道德经》中有："天之道，利而不害；圣人之道，为而不争。"中国人做事讲求"道、势、术"，道和势摆对了，术只是枝节。因此，一家着眼于长远的以人为本的企业，更加要注意战略设定，重本轻末，不立足于短期竞争得失。

对一般企业而言，经营是战略，管理是战术。我国传统智慧要求"大权独揽，小权分散"，即战略由老板决定，之后由员工执行。以人为本的企业反其道而行，其中一个重要的特征就是重参与。对于关乎企业长远发展方向、商业模式等的基本战略性决策，其结果要求每一个员工都诚心诚意接纳，并作为员工与企业的共同奋斗目标，更加要求员工广泛参与。

在现实情况之下，企业规模越大，地区分布越广，员工直接参与的程度便越低，尽管如此，但企业主管依然要尽可能自下而上地形成计划，尽量让每一个员工都有参与的机会。计划形成之后，要广泛向员工宣传，务求深入人心。我们国家和许多企业都有制订五年规划之类的中期计划习惯，这是动员参与的良好方式。例如，我国五年计划的制订过程有大量专家学者的系统参与，几上几落，广泛咨询和征求意见，堪称精英民主参与的典范，[1] 值得企业参考。

虽然需要员工的参与，但是在战略形成过程中，企业最高层领导永远都有其独特的角色。在标准起手式"道、势、术"中：道是指企业文化、规章制度等。势是指掌握市场趋势，布局和宣传造势，像围棋开局一样，东一颗子西一颗子，外人初看似杂乱无章，等到势头显现的时候，已经不能逆转，胜负已成定局。国家和企业如何制定正确的战略目标并布局造势，管理水平的差异就体现于此。到了术这个执行层次，传统智慧认为，执行的目标就是消灭问题和错误。任何企业的员工都会犯错误，诚然，在系统设计中，我们一定要尽力保障系统的稳定性，并降低出错的可能性。这在管理上叫质量保证（QA），有了质量保证计划之后，还要在流程中不同环节不时做抽检和测试等质量控制（QC）程序，以保证系统如期运作。这是把企业的管理系统简单当作在完全可控环境中运作的生产线来看待。要知道，政府也好，企业也好，都面临一个经常变化的内外部环境，许多时候不仅流程和动作不可能做简单的重复，而且需要面对种种无法预料和无法控制的事故和意外。普鲁士名将赫尔穆特·冯·莫克（Helmuth von Molke）有句名言："所有战略都在与敌人接触时便全面崩溃。"因此，人本管理学的目标便要从在系统上杜绝错误更改为减少错误，在日常运作中出现错误时，员工能随机应变，化解错误，降低损失，甚至把坏事转为好事。

这里首先是要快速发现问题，并且实时应对。"风起于青蘋之末。"一线人员日常与企业的各利益攸关者接触，因而最能感受到各种问题之所在，并且最能实时以最低的成本把问题处理和化解。这就是人本管理在战术层面要求向一线人员充权的要害了。

---

[1] 参见 http://news.xinhuanet.com/fortune/2010–10/29/c_12714582.htm.

向一线充权

毛泽东有一句名言："政治路线确定之后，干部就是决定的因素。"[1] 在战术执行阶段，权力既然已经下放到一线员工，那么所谓"将在外，军令有所不受"，以人为本的企业认为一线员工最能掌握现场实况，并充分相信经过适当培训的员工在现场的判断和拿捏，应该让一线员工全权酌情处理，最起码鼓励他们主动建议对策。驰名的海底捞火锅以人为本的管理，就是放权给教育程度不高的一线员工做出各种待客的决定，并且大受好评，也没听说过出了什么大乱子。早在多年以前，美国一家中高档的百货公司 Bloomingdale（布鲁明代尔）也有过类似的政策，效果也很好。由此可见，向一线充权，让每一个员工都觉得有权、有能，像个小老板、小将军，这不仅是可行的，而且会有缤纷灿烂的结果。

人本管理的特色之一，就是授予各级员工很大的酌情权，让其能以老板的心态根据现场情况做出判断和对策。这种充权的做法跟时下流行的非技术化、按政策法规办事的思路完全相反，对员工的道德、机智和技巧都有很高的要求，因此，只可能在一个相熟的小圈子中、成员之间有着共同理念和高度互信的环境之下，才能有效运作。

社会运动和革命队伍之间的同志感，就是这样美妙的状态。在创业期间，不少企业在某一阶段中也会短暂出现类似的现象。但是一旦组织的规模大了，也就必然会出现制度化和官僚化，人与人之间的关系、做事的热情和效率都不复存在。

请注意我用的是内地很少用的"充权"（empowerment）这个字眼，而不

---

[1] 毛泽东. 毛泽东选集（第二卷）[M]. 北京：人民出版社，1991.

是"放权"或"授权"（delegation）。充权并非"你办事，我放心"、让一线员工酌情行事那么简单，此前要有足够的培训，之后还要有跟进、经验分享和总结，这样员工才有信心负责任地行使授权，而企业也可放心不会出事。但是有一点主管不能不做心理准备，那就是实行充权之后，下属具体的处理手法和出来的结果很有可能会不一致，未必全部符合其本来的设想要求。这时主管需要有较大的包容性，容许个性化、多样化的差异，甚至意料之外的结果。众所周知，世界上许多重大创新往往出于意外，而创新正是 21 世纪后现代社会经济发展的动力，也是企业的生存之道，这恰恰是以人为本企业的优胜之处，美国 3M 公司（明尼苏达矿业及机器制造公司）就是这方面公认的佼佼者。

向一线充权对主管的地位、功能、技巧等都带来很大的挑战，也是许多企业明知以人为本管理的各种好处，却始终转型不过来的最主要原因。以前，主管垄断了他的上级给他的信息和资源，挟着与其职位而来的权威去管理下属，他被叫作经理，指指点点，十分威风。在以人为本的企业中，信息和资源是公开的，基层员工随时可向最高执行官或董事长发电子邮件和短信，并且得到回复，下级已经被充权，不用事事领命，而经理好像挂在空中，无处着力。

因此，在以人为本的企业中，需要的是企业领袖，而不是传统的企业经理。彼得·德鲁克指出，随着知识工作者的出现，我们不再需要管理员工，而是要领导他们，务使每一个个体的具体强项和知识都转化为生产力。社会学研究发现，在许多群体中，除了官方指定的领袖之外，通常还要有一个没有名位的非官方领袖，群体成员主要都是听他的。传统的中下层管理人员一般缺乏对企业目标的认同，因而缺乏热情，缺乏本着做好这份工作的心态。学界有不少对领袖与经理的比较，但大都以较高层的领导为标准，其实每个以人为本的企业所要发掘和起用的，反而是我们中间为数甚多的天然领袖。

用社会学的说法是：经理享有"位置权力"（positional power），这种权力是源自上级的；而领袖需要有"魅力权力"（charismatic power），这要求下属衷心的拥戴。书本上对企业领袖要素有各种不同的说法，不外是正直无私、热爱下属之类，其实企业领袖很多样化，无须罗列，碰到魅力企业领袖，你自然会感受到他的存在以及群众奉他为领袖的现实。

中国人相信"好人好事"，好人才会做好事，所以先要好好做人，才能好好做事。作为管理人员，要相信"群众才是真英雄"。在以人为本的企业中，其理想状况是要凝聚共识，使每个员工对企业目标都完全认同，所谓志同道合，充满热情，"人人皆尧舜"，并且知人善任，管理人员要设法因材施用，扬长避短，把每一个员工都放到他最能发挥所长、最能有所表现和贡献的位置，让员工能按集体利益充分发挥其潜能，以应对千变万化的内外情况。之后，上级的工作，就是当好下属的资源中心和服务中心，做好服务，协助和协调下属把工作做好，监督执行情况，并在必要时加以否决、喝停。这类工作所要求的态度和技巧，跟传统的经理工作完全是两码事。

企业的员工要经过严格的筛选和考核，要有较高的品格，认同共同理念和目标，并且接受企业作为自己的利益和命运共同体，这样，成员之间的互信、互助便有稳固的基础。在操作层面，需要习惯小组运作，小组成员之间一起开天辟地，关系密切，互相信赖，互相照顾，荣辱与共的同志感才得以普遍建立。这里无须管理，人人都自觉地尽力发挥所能，而且事实上，小组成员之间也互相监督，互相砥砺，互相促进。加上在信息科技发达的条件下，各小组和小组成员之间的信息可实时整合和交换，形成类似神经系统的网络，互相顺畅地协调和配合，发挥最大的合力。前人梦寐以求的无政府组织状态，在很大程度上是可以再现的，并且能够持续发展。

这样一个理想系统，就像一个有机系统一样，每一个部分都是浑然一体，不分上下和彼此，反应自然流畅而得体。现在我们有足够的科技条件让我们开始仿真这样的复杂系统，在组织和企业文化上尽量创造条件，让我们能向这样的理想状态逼近。在现实层面，也就是说，在中枢机构全面掌握一线的全面信息的大前提之下，相当于一线现场有各种传感器来反馈信息，充权放手让一线员工分享信息，并据此做出适当的反应。当代全面信息战争是这样打的，并已被证实远比传统打法厉害，后现代的人本管理也要朝这个方向走。

重实战，轻理论

现代西方哲学一个最基础问题，就是认识论。这场论争是由大师罗素引发的，持续了几十年，结果仅仅是在语言和逻辑问题中间绕圈子，没有解决什么问题。我国从一开始便抛弃了这种空对空的无谓议题，近代中国哲学最重要的议题是知和行的关系。仅从议题的设定，便知中国人是现实主义者。

中国人不喜欢虚无缥缈的理论，印度佛教的信众要经过恒河沙数劫之后，方有机会成佛，所以发展到后来分裂为巫术和繁琐哲学，最后没落；但是一传到中国，佛教便变得简单实惠，人人毋须历劫，"放下屠刀，立地成佛"，一经"开悟"，"即心成佛"，如果还怕成不了佛，买张保险，在死前集中意念，念10遍"南无阿弥陀佛"，担保抵达净土，不骗你的。这样，佛教在印度一早没落，在中土则大盛2 000多年还方兴未艾。

以人为本的管理，要求企业跟员工建立长久关系，因而人本企业视每一个员工的知识、技能、经验、性格的提升为企业增长的必要组成部分，是二而一的，员工有提升便等于企业有提升，因此，企业更加注重这方面的投资。跟传统做法不同的地方，是人本企业容许员工做多方面的尝试，接触不同部门和岗位，并容许员工犯错误。这样做的代价和风险可能会较大，但长远而言，这是值得的。

当然，不同企业各有自己的一套做法。最常见也最有效的做法是在职训练，其中德国的做法最有系统性，而在企业内部系统做在职培训方面，日本经验较有名。常见的管理人员在职培训是跨部门工作轮调，香港的政务官员便是这样培训出来的，弊端是只出产通才，成了外行领导内行，因而许多时候会更加倾向于保守和谨慎。而美国 3M 和 Google（谷歌）等公司，则是给员工 15% 以上的工作时间，鼓励他们做自由尝试。

比简单的轮调更有效的实践，是把非经常性和重复性的工作项目化，实行小组运作。这样一来，企业便既有传统的部门，员工又可以经常做跨部门的小组合作，根据需要在小组中担任不同的角色，人人都有机会在某一个小组中独当一面，不仅有机会接触更多部门和工种，以及不同的人事环境，而且工作处于开山劈石的实战状态。这个方法最能在较短时间内培养出较多掌握实况、眼界广阔、考虑周详、有领导能力和经验的一专多能人才，涌现出很多群众认同的领袖。

问题是，只有这些有真才实干的人才会十分抢手，要是不在一开始便有利益共同体和命运共同体的企业文化的熏陶，是很难把这些在外界绝对不可多得的人才留住的。在西方传统的企业模式中，金字塔式的结构容易导致越往上位置越少，传统企业其实是在有意识地不产生过多的人才，以免长期要跟大量有实力的员工做博弈。非技术化的结果就是，员工到了 40 岁之后，便一天到晚觉得工资过高，发愁随时会被淘汰。由此可见，以人为本的企业跟传统企业存在系统性的差异。事实上，以人为本的企业培养出来的员工，实力往往只可能在这种独特企业文化中才能得以充分发挥，到了传统企业中，就等于自由人沦为奴隶，变得严重不适应，能力根本得不到发挥，与企业的建制和同事都格格不入，很快便被排斥。

赏罚分明而多元

由于企业要面对千变万化的内外环境，这就要求企业在短期内具有高强的应变能力，中期能不断吸收经验和信息，不断总结、调整和适应，长期要不断有意识地自我完善，包括不断地创新和提升。很明显，只有内部每个细胞都健康生长，并且有序地生生不息，以人为本的企业才能达到上述可持续发展的要求。

人本企业上下每一个员工都会不同程度地参与战略和战术性决策，这里必然会出现各种大小不一的问题和错误。企业不但要面对现实，承认其必然性，而且要承认过程中交学费的必要性。从某一角度看，鼓励员工尝试，一定要鼓励他们勇于冒险和敢于犯错，最有效的学习方法就是试错，并从错误中成长。这里所指的错误，当然不包括故意犯错和大意犯错，而是在信息并不完全的情况之下做出必要的判断和决定时所难以避免的错误，亦即英语中的"诚实错误"（honest mistake）。在某种情况之下，管理人员为了让下属员工成长，要故意让他们犯错、受损，并从中吸取教训。

一家人本企业，一定要面对员工犯错时如何处理的问题。我国传统的态度要求奖罚分明，奖罚分明的意思，除了简单的有功必赏、有过必罚之外，还有很多其他的具体做法，在我国传统文化中已经做了很多的总结，并且就此发展了一套指导思想和手段。其内容主要包括：奖罚要公开、公正、公平、实时；奖最下，罚最上；奖要逐步增加，罚要一次到位；奖和罚都要明显与功过挂钩，等等。需要特别指出的是，现代社会并不容许企业对员工有太多的惩罚，大多只能扣取奖金和做象征性的金钱赔偿等，因而基本上是以奖为主，奖罚分明这个思路并不能完全解决员工犯错的问题。

在处理犯错员工方面，我们首先排除了上述故意犯错和大意犯错，即恶意和疏忽，恶意破坏，有些甚至可做刑事处理。针对"诚实的错误"，企业应该给予宽大处理，并且督促员工总结经验，避免重复犯错，保证以后能避免类似的错误发生。用传统的说法是，惩前毖后，治病救人。因此，对于犯错误的员工，最重要的措施是要让他直面错误的后果，负责善后，收拾残局，降低损失。如果一个对企业有情有义的员工，要他面对自己造成的失误和后果，就是对他最大的惩罚，经历过之后，会深以为戒，尽量不会再犯。

对好员工的另一种惩罚，同时也是我国传统智慧经常使用的手段，那就是投闲置散。对于一个犯错误的员工，一方面是对他处罚，另一方面是让他眼见身边其他同事能一展拳脚，建功立业，而自己则无所事事，这种感觉并不好受。因此，这很自然提供了一个冷静空间给犯错误的员工检讨思过、疗伤，同时还会促进他脱胎换骨。在我国历史中，通常是皇亲国戚或者朝中重臣才能享受到这样的待遇，可见投闲置散是对待组织中不能放弃的重要人物、督促他们成材的必要措施之一。

由此可见，对员工的奖罚只要不简单地局限于金钱收入的增减，企业处罚员工的措施其实很多元化。沿用马斯洛的架构，投闲置散剥夺了员工自我实现的机会，公开谴责、降职等伤害了他被认可的激励，由员工改为劳务派遣，或外放于权力中心的外围，把组织内部的人转为外部，都损害了他们归属组织的需要和安全保障，这都是传统管理少用但十分有效的惩罚机制。

随着社会和科技的发展，政府和企业不再可能把千变万化的情况和人民/消费者个性化的需要做一刀切，或者把它植入几个既定的模式中粗糙地予以解决，而是要求因时制宜、因地制宜、因人制宜，往往需要跳出既有的思维盒子，不拘于形式，创造性地把问题更完满地解决，充分个性化地满足消费者的需求。同样道理，根据以上的介绍，我们有理由相信，以人为本的管理模式远比时下流行的西方管理模式更能调动个人的积极性，发挥个人的才能，有效响应后现代社会的需要。

10 | 知人用人

政治路线确定之后，干部就是决定的因素。因此，有计划地培养大批的新干部，就是我们的战斗任务。

——《毛泽东选集》第二卷，人民出版社 1991 年版，第 526 页

一般而言，一个人才体系至少要包括：培养人才、发掘人才、发挥人才和照顾人才这 4 个子系统。西方企业劳资关系是短期合约关系，因而轻培养和发掘人才，更谈不上照顾人才，只聚焦于如何在合约期内把员工用足、用尽，把他们短期之内在企业最需要的既定范围之内的能量全部发挥出来。为了挣钱，企业威逼利诱员工拼命工作，让员工把自己所有的东西都透支了，这种短期行为不光是没有良心，简直是愚蠢。越对企业有贡献的员工越忙，一天到晚只有燃烧自己，没有时间吸收新的信息，学习新的技能，人往往很快被掏干，效益急速被蒸发，弄得身心疲惫，家庭破碎，反而变成无用之人，甚至成为包袱。与此相反，以人为本的企业讲求长远关系，着眼于培养人才、发掘人才，照顾好员工，把员工潜力发挥出来，长期用足、用尽。

培养人才

一个国家，首先要立足培养和提高整体人民素质，其次才是培养官员，企业等组织则只须集中在内部培养人才。

我国在一开始便明白这一道理，知道政府要在提升整体人民素质上扮演一个主导性的关键角色。2 000多年来政府通过考试，建立了一个以伦理道德为核心的教育制度，培养出一批又一批有共同伦理道德价值观的人才，然后吸收其中的精英，进入行政科层体系中。

在企业层面，西方的劳资关系只是利益交换的契约关系，德和才的提升，只是劳方提高其议价能力的条件，结果是劳方从中获益，因而在这方面有关的投资，纯粹应由劳方负责。市场上比较开明的企业，往往在投资培训员工之前，要跟员工另签协议，要求他们在培训完成之后，一定要继续服务到某指定期限结束，方可离职，以保障资方投资的回报。

在以人为本的企业中，宾主之间是长远和非单纯利益交换关系，企业整体能力提升和员工的德才提升是二而一的事，因而会视对员工的培育为企业的重要投资。从人本管理的长远发展角度看，企业与其短期给员工加工资、发奖金，倒不如让员工轮流进修，这样对员工、对企业都会有更大的效益，如杰克·韦尔奇所言，员工的"可雇佣性"（employability），即其讨价还价能力，必然因此而有所提高，企业有必要善待员工，方能把他们留住。但对以人为本的企业来说，善待员工是企业文化的核心，员工的"可雇佣性"虽然提高了，但在此之上，宾主之间还有情义在，员工之间的战友情谊深厚，难舍难离，加上企业文化鸿沟太大，习惯了自由人的员工自知很难适应奴隶式管理的环境，见异思迁之心反而下降，队伍往往比一般企业还要稳定。

发掘人才（知人）

因为西方管理把人看作机器的标准零配件，硬套进系统之中，所以无所谓"知人"的问题，任何人只须符合某些标准化的要求，如学历、经验、健康情况等，便可进入系统，之后考核人才主要看业绩，完全是"见物不见人"。因此，在评核人才时，业绩当然要看，但是业绩始终还是人做出来的，人的问题如果没有处理好，良好的业绩通常只是时势造英雄，运气一过去，就又打回原状。更重要的是看这个人是否认同公司的目标与使命，并且能不能团结人，具有团队精神。换句话说，用人第一要对所属单位（国家、社会、企业、团队）忠诚，并且能够团结在一致的理念之下，这就是我们通常所说的"德"，之后才是能干事，有业绩，有"才"。

从这个思路出发，人才分四大类：一等人才有德有才，二等人才有德无才，三等人才无德有才，四等人才无德无才。一等人才要提拔，四等人才要淘汰，这比较容易决定。二等、三等人才各有所长，但从我国的管理角度看，所谓"亲君子，远小人"，我们宁取有德庸才，也不用光有才而缺德之人。对于这个结论，美国近代"管理之神"杰克·韦尔奇也十分认同。因为一个人的才能还可以慢慢锻炼，但一个人的品性和价值观等却很难改变。有德之人起码无须上司监督他、提防他做坏事或闯大祸。有才无德的人，会做坏事或错事，短期或许能立竿见影地做出业绩，但从长远的破坏性来看，这样的人为企业带来的整体伤害不可估量，很可能得不偿失。因此，除了在求才若渴的情况之下，不得不用人唯才之外，一般都要求德才兼备，以德为先。总的来说，在乱世当中，或者创业期间，由于企业的选择不多，并且要求有立竿见影的成果时，只能用人唯才。在环境较稳定的情况下，大中型企业和政府机关等用人大都要求德才兼备，以德为先。

在一个浓厚的伦理道德氛围下，政府也好，企业也好，都无须着意筛选有德人才，只要有才便可。选才比较简单，基本上等同于学习成绩好、能通过某种统一的或者公众认可的考试即可。这些学历和考试成绩，反映了这个员工有起码的智商，除了有学习能力之外，还要意志力强，能刻苦坚持等，这都是一个好员工的基本要求。但是"君子国"这一理想状态在人类历史上从未出现过，因此，用人之前，对求职者的人格品德要做严格的审查。

西方传统的做法是，相信面谈和前雇主的评语。众所周知，除非员工在离职之前跟雇主闹得很僵，或者做了严重损害企业的事情，否则我国雇主对前职员一般都采取与人为善的态度，善颂善祷，因而前雇主的推荐信对于评核求职者的德与才的参考价值都不大，只姑且可以入档备案而已。有些企业会特意主动咨询前雇主，希望过程当中可能得到多一点的数据，但距离真实评价仍有一大截差距。

因此，企业对于评核求职者的性格和品格，主要还是依靠面对面谈话所得的印象，以及一些心理分析。有些企业对面谈十分看重，在做聘用决定之前，即便是聘请较低级的行政人员，往往也要做多次面谈。知人并非大部分管理人员的强项，因而面谈并非一个很有效的性格和品格评核手段，过分注重的话，劳民伤财，效果不彰。

我国自古以来都不相信简单的面谈，战国后期吕不韦提出："喜之以验其守，乐之以验其僻，怒之以验其节，惧之以验其持，哀之以验其人，苦之以验其志。"① 这种在不同环境中做多角度观察的思路，衍生了许多在具体项目上有所不同的提法，影响了中国社会的人事筛选手段 2 000 多年。大概由于国际竞争激烈的缘故，我国在三国时期（公元 3 世纪左右）突然冒出大量有关人才的论述。从曹操的"用人唯才"开始，仲长统、刘劭、诸葛亮、傅玄、周朗等同时期的人不约而同地反复讨论用人标准和方法，并逐步形成了"知人"和"用人"的系统思路，影响至今。② 当时许多人不约而同地提出以不同的处境去测试下属的方法，其中最出名的是诸葛亮的用人七法。

诸葛亮在《将苑》（又名《心书》）中提出了为将者所需具备的志、变、识、勇、性、廉、信等七项特质，并提出辨识这七项特质的方法："一曰问之

---

① 参见吕不韦的《吕氏春秋》。

② 吴慧. 中国古代管理思想［M］. 北京：企业管理出版社，1986：187 – 223.

以是非而观其志，二曰穷之以辞辩而观其变，三曰咨之以计谋而观其识，四曰告之以祸难而观其勇，五曰醉之以酒而观其性，六曰临之以利而观其廉，七曰期之以事而观其信。"诸葛亮对为将者胜任能力的总结及辨识方法，对现代知人用人之道仍有很大的参考价值。

一般而言，我国传统认为，人才有多种，各有不同的要求，不能一概而论。管理者要先确定他需要的人才要具备某些特质，至于如何发掘人才（知人），需要在特定的情况之下系统观察其反应。为求效果，甚至要人为地设置某些情况去做试探，通过了试探之后要不拘出身，用长舍短，量才施用。试探之道，有如设置陷阱，有时接近不道德，陷对方于不义，这里要求管理层拿捏得当，在工作和业余活动中都细心观察，不能过火，以免产生相反的效果。

中国人还有礼贤下士、三顾茅庐的传统，企业不但积极主动地吸纳个别优秀人才（这一点西方社会已经产业化为"猎头"专业），而且还进一步地放下身段，像追求异性般锲而不舍地争取贤能之士加盟。中国的读书人也因而承习了一种"良禽择木而栖，贤臣择主而事"的傲气，不屑于"为五斗米折腰"。

发挥人才（用人）

"人尽其才。"中国人的管理讲求"知人善任"，用人要量才施用，用其所长，避其所短。这跟西方一刀切地把不同的个人塞进某个特定的所谓"职位"这种粗糙思路很不一样。因此，我国机关也好，企业也好，许多时候一些位置明显是为某个个别人士度身打造的。与其说这是"人治"，不如称之为"人性化""个性化"的管理。做出这样决策的上司只要有德有才，从大从公去考虑，这种对不同的个人采取较大的包容性处理通常会产生良好的效果。

《中庸》提出"诚"和"敬"，待人以诚，处事以敬。诚和敬都发自每个人的内心，外人是看不见的，也没法控制。外界可以看得见的是行为，而行为是可以伪装的。在现实世界中，博弈是普遍存在的，下属往往会用上司所相信的东西来骗他，因此，在信息社会中，管理要求上司全知，不为下属所蒙蔽。西方的 360 度人事评估等手段，就是想达到这样的效果，但实际效果往往被员工的博弈行为所淡化和冲消掉了。西方人事管理永远都在猫鼠斗法的思路上打转，走不出这个死胡同。中国人一般不会相信别人嘴上说的话，只相信自己的感觉；不完全相信别人的行为表现，而相信自己对别人动机的判断。

在管理层次，处事以敬，就是指严肃对待企业的共同目标，待人以诚，要求以共同目标为出发点，一心为公，全力以赴。理想的状态是企业与员工、上司与下属之间完全放弃了零和博弈，达到相处以诚的要求。"以人为本"的关键在于企业与员工共存共荣，有效地激发员工的潜能，而不是单纯靠物质和金钱奖惩。唯有形成共同的价值取向和行为规范，培养"肝胆相照，荣辱与共"的良好团队精神，全力打拼，赢得顾客的支持，创造良好业绩，实现企业可持续增长，个人可持续发展，才是真正以人为本的管理。

至于如何知人善任，古人已有大量的论述。如上节介绍，我国跟西方管理习惯不同的地方主要在于，我国依靠上司在不同情况之下做有意识的观察，鉴别其下属的人格、性格和特长，然后量才施用。而西方则用一套既定的制度和理论模型，套在每一个员工身上，做出所谓客观和科学性的评核，然后按一定的程序安排升迁。西方一刀切的管理的好处是不以上司的喜恶为依据，按道理，游戏的规则应该是公开和公平的，谁有本事达到既定的客观标准，谁就会得到相应既定的回报。但是说到底，这个制度也是由人操作，必然存在人的因素，各种办公室政治因而丛生，"一法立，一弊生"，对于善于从竞争的规则中钻空子的人来说，忽悠评核指标、对企业有害无益的手段多的是。

这种做法在西方企业中已经司空见惯了，于是评核从简单的一两个指标进化为长达 10 张、8 张纸的综合指标，美其名曰"平衡计分卡"（Balanced Scorecard），发展到这里，可见西方管理早已经渗透了不少的主观成分，却还自欺欺人。事实上，"将不知兵"是我国兵家大忌，上司要靠评核表格才对下属各方面心里有数的话，这上司应尽快革职查办。

要靠上司赏识，就必然会出现各种吹牛拍马的下属，古今中外皆然。但是以人为本管理的前提是伦理道理，这个要求适用于企业每一个员工，而且职位越是高级，对德才兼备、以德为先的要求就越加严格。这种管理模式成败的关键在于，做上司的能否"得其正"，坚持待人以诚，处事以敬，这是道德和拿捏的问题，同时也是领导服众的重要手段和条件，那些喜欢员工拍马屁的领导，前途有限。在道德和拿捏分寸都有高标准的企业文化环境中，单凭吹牛拍马而升职加薪的员工在理论上应该是少数。而这旁门左道之所以能得逞，要么是上司真的被迷倒，要么是上司虽然看透了下属的小动作，但因为种种原因，仍不能不用他，让他带病上岗。在上司的眼中，他可能是在用这员工的所长，而避其所短，并借此机会让下属提升，自我完善。我们如果对管理层的道德和拿捏没有较高的要求，单凭制度，那么靠吹牛拍马而升职加薪的情况只会更加普遍。

照顾人才

在每个人的一生当中，生、老、病、死的负担固然是一个问题，对当事人来说，更重要的是当中的协助、体谅和关怀。个人的社会安全保障，在全世界都是一个未解的大难题。企业不能取代社会的许多角色，我国传统国企的"小而全""大而全""铁饭碗"，以至日本的终身雇佣制都持续不下去。除此之外，西方的社会福利国家把各种服务社会化、市场化，一旦撇开了个人对自己负责、自力更生为基础的核心价值，不仅国家财政上难以承担，难以为继，而且许多时候更缺乏对个人来说更加重要的温情和体贴。

以人为本的企业既然是家的延伸，那么它就免不了要承担传统上家族的许多责任，成了一个小社会。青年同事结婚，整个部门甚至整家小企业都放下工作帮忙，这样的做法已经十分普遍。同样道理，员工生了孩子，在一段时间内动员同事协助，并做工作上的分摊及调整之类，也是以人为本企业的应有之义。事实上，以人为本的企业应该从制度上做系统的规划，协助、照顾员工面对生活中各方面的问题，消除他们许多后顾之忧，并且得到员工家人对其工作的理解和支持，以其工作成果为傲。比方说，企业集体医疗保险总比个人投保更便宜，企业成立信用合作社比向银行做私人贷款成本更低。具体的措施要根据企业的实际情况来制定，原则是在个人自力更生的大前提之下，企业与员工作为一个利益共同体以及命运共同体，企业有责任设计如何通过集体互助来解决一些个人的问题。这样的思路完全不同于以往企业的小而全，大而全，取代社会功能等，许多时候实际上并不牵涉企业太多的资源和成本，通过员工互助就能来解决个人问题所凝聚的向心力和团队精神问题，这反而是其他企业难以模仿的竞争力。

11 | 考核与激励

当代西方那一套管理人的方法，在实际操作层面被分类为管理学中的"人力资源管理"这一领域，从人本管理的角度看，明显存在以下问题：

1. 错位化。把人看作企业资源，把人的工作看作事务的处理，把人力资源管理简化为指针、表格和数字，忘记了人力资源的目标在于开发和发挥人的潜能，拾了芝麻，丢了西瓜。只有人的潜能得到充分发挥，并且用在最适当的位置，才能达到最高的效率，为企业创造最大的效益。

2. 单一化。把人标准化为企业的螺丝钉，套进统一刻板模式来甄选、评价、提拔和淘汰，以此来解决人的问题，忘记了每个人都是独一无二的，而人的问题是千变万化的。

3. 碎片化。将人的工作拆分成不同部门来做，支离破碎地进行操作，把人和其工作的成果异化。忘记了人，以及他的工作和工作成果，效益是一个整体，企业需要整体协调，才能激发员工自觉发挥个人的潜能。

很明显，西方式的"人力资源管理"，其精要在于如何考核和激励员工，以达到企业利润最大化的目标。读者读到这里应该清楚，这种思路源自奴隶管理、劳资对立的错误出发点，既不可能激励和发挥员工的最大潜能，也不可能把企业的潜能发挥到极致。企业从始至终都在亚健康状态中运行，远未能释放其内部全部能量，但是我们还对此沾沾自喜，认为这是"制度化"，是"法治"代替"人治"。

人力资源管理的思路，是西方奴隶/机器管理范式的一部分，基本假设是员工表现的好坏，由员工个人负责，因此，对应的手法不外是"胡萝卜加大棒"的各种变奏。考核者，是评定该用哪一种变奏，激励就是应用某一变奏。这是只见树木，不见森林，头痛医头、脚痛医脚的标准西方思维谬误的滥觞。

我国习惯了系统思维，倾向于认为员工的表现既有其个人因素，同时也有企业因素和环境因素，而这三组因素千变万化，不能一概而论，简单对待。对于企业的业绩，我们也抱有同样的态度，认为不能单独聚焦于个人。

在这个指导思想之下，员工的考核应该在选聘和入职初期，相互都在观察对方、决定是否加入/接受为企业的永久成员的时候进行，这就是一般试用期的应有之义。我国人本管理的思路就是在上一章所讲"知人、用人"的阶段。这个阶段应该比较长，因而即便是在一般的试用期满，双方签订了长期劳动合同，观察和试用实际上也仍未结束，双方关系仍未稳定。

实际观察和试用期完结之后，员工愿意加入，并且被接受为企业利益和命运共同体的一个完全成员，才等于是家族的一分子，相互的考核期至此完全结束。自此之后，员工作为企业利益和命运共同体的部分，企业与员工关系的指导思想应该是"肝胆相照，荣辱与共"，因而也出现了对内的亲疏有别和对外的内外有别。内外有别体现在成员之间有极高的互信和默契（互信源于彼此有共同的理念和奋斗目标，默契在于信息在成员之间开放和流通），枪口一致对外。亲疏有别体现于成员各有不同的授权和本位责任，各尽其本分，互相支持，共享成果，共担风险。这就是近年来流行的所谓"狼性"。在动物中，狼群算是组织得不错的利益共同体，但我们不要忘记，个体战斗力和生存能力都远比狼更弱的人类群体才是占据着最高食物链数百万年的胜利者，由此可见，人性远比狼性更优，所谓"狼性"的优点，其实人类都有，只是人类没有狼的"野、残、贪、暴"的天性，因此，人无须自我贬抑沦落为狼，近年来华为也很少提什么"狼性"了。

此外，对于员工的短期表现还是需要考核的，一般考核的主要目的是以此厘定升职加薪和奖金分红等。传统的西方考核会划分出很多评核项目，各项评分加起来就是考核成绩。但是中国人注重整体印象，大都是先定了总分，然后再将总分分配到各个项目之下，凑来凑去，再凑成总分，如二者有差距，再做调整，之后又与其他员工的总分比较，又再调整一次。对受西方管理影响的人来说，这样做等于作弊，起码不科学。但我们试想想，这反复思考的过程才最重要，而最终最重要的还是上司定期调整对被考核的下属的整体印象和这印象在其他被考核的人中间的位置。而考核的作用，除了奖罚之外，更重要的是长远地、整体地如何对待每一个员工，如何用其所长，避其所短，以及如何培育和提升员工。

特别要注意的是，在利益和命运共同体的观念中，投资者处于共同体之外，与消费者、银行等同样是利益攸关者。这里同样需要注意亲疏、内外有别，不应有所混淆。企业要向投资者负责的观点，源于 16 世纪西方投资者成立有限公司资助远洋探险和贸易的时候，开始时，这是一次性的极高风险行为，企业为了吸引难得的资本，便要开出极具吸引力的条件。现代商业社会资本过剩，而且对于如何对待风险与回报已经很有经验和规范，资本只是一个生产要素，需要给予一定的回报作为激励，无须给予投资者过分特殊的待遇。在后现代社会中，主导企业生存和可持续发展的是人，不是资本。资本已经处于过剩状态，到处在找寻机会，而人才则永远都处于短缺状态，每个有朝气的企业时刻都在抢人才，只要有人才，企业就不愁资本，也不愁市场。

主导企业生存和可持续发展的人同样需要激励，但这不纯粹是指物质性的激励，更重要和更有效的是非物质性的激励，包括马斯洛所说的被群体接受、赞赏和自我实现等，与我国传统"衣食足而知荣辱"的看法是一致的。马斯洛关于个人激励的系统阐释在西方已被奉为权威，这里暂借他的体系作为开始。

马斯洛认为人类有 5 个层次的需求，从低到高分别是：

1. 生理需求：人类最基本的生存条件，如衣、食、住，以及性欲与生育等。

2. 安全需求：包括对保护、秩序、稳定的需求。

①个人安全。

②财政安全。

③身心健康。

④免于意外、疾病及其他威胁的安全。

⑤生活稳定、有序。

3. 社交需求：人有需要感受爱情、友谊，以及归属于某些社会群体、并被认可为成员的需求。这一需求对个人产生了"同辈压力"（peer pressure），使其向群体靠拢。

4. 尊重需求：个人需要觉得被尊重，这包括自尊自重，以及为他人所接受和肯定，使个人觉得存在有价值，对社会有贡献。有自卑感的人往往要刻意追求外在名誉和地位，其实内心依然缺乏自尊自重。健康的人格、外在的认可要建基于自觉的尊严和强大。

5. 自我实现需求：个人最终有欲望去充分发挥潜能，成就其所有能力，实现理想，成为他希望达致的个体。[①]

生理需求最为基本，也最重要，一定要首先满足。之后便依次上升至安全需求、社交需求、尊重需求到最后自我实现需求。在任何时期，这 5 个层次的需求都同时存在，并且相互依存，只是在某一时期，某一层需求会更加突出。

————————————

[①] 马斯洛晚年提出"Z 理论"，即"需求层次"理论的灵性范畴，并在自我实现需求之上，再加自我超越的层次，包括灵性成长、神秘体验、天人合一等。

马斯洛把最高层的自我实现需求跟低层的 4 个所谓"匮乏层次"区分开来，认为匮乏需要补偿，但自我实现则属于增益。这一分野在心理学上或许有它的学术价值，但从管理角度看，我们不妨把这 5 个层次分做 3 个满足需求的范畴，从下到上依次为：

1. 生物范畴：是指从生物需求到个人安全——薪酬、福利等传统人力资源管理范畴。从这个层次入手，是马斯洛说的"X 理论"，管理是权力取向，员工是为工资而被动做分派的工作。

2. 社会范畴：是指从集体安全到社会认可——企业文化与企业社会责任范畴。从这个层次入手，是马斯洛说的"Y 理论"，权威内化，同事之间互相尊重，员工参与管理。

3. 灵性范畴：是指从自尊自重到自我实现——个人与企业的融合范畴（天人合一）。从这个层次入手，是马斯洛说的"Z 理论"，权威是同事之间共享的，因而是自明的伦理道德，员工都热心达成共同的目标，自发做好工作。

如果结合以上 5 个层次与 3 个范畴的需求，我们可以得到表 1。

表 1　企业如何满足员工需求

员工	生物范畴	社会范畴	灵性范畴
生理需求	衣食温饱		
安全需要	衣食无忧	团队支持，企业健康	
社交需求	人有我有	团队精神	友善企业文化
尊重需求	炫耀	社会荣誉	自尊自重
自我实现需求		企业社会责任	潜能发挥

人是社会动物，基本上是合群的，而且需要被社会所接受。在中国人的概念中，这一切从家开始，以人为本的企业是员工的"东家"。什么是一个家？首先这是一个感觉，到了家，你就可以放下防卫和伪装，无拘无束地做你自己，偶而闹些小脾气，犯些小错误，家人都不会计较，都会善意地包容。

而且当你状态不好、伤病等时，家会给你生活保障，照顾保护你。当你飞黄腾达时，家人会引以为荣。当你想达成你的理想，家人会乐意支持，并帮助你自我实现。

最新实验证明，人际关系良好，自觉被爱、被尊重是日常快乐的来源；而失去尊严、自由和基本维生物质则最痛苦。① 充分发挥人的才能和调动人的积极性是企业激励系统的关键。西方短期雇佣合约关系的思路使员工缺乏安全感，而急功近利的考核方式和奖惩手段使员工感到自己变成一部机器、一个奴隶，有收入而无安全，有压力而无动力，有福利而无幸福。以人为本企业对员工的定期考核，既重视员工才能的提高，也重视员工道德的提升，特别是员工取得的工作成就，可促成企业成功的利益共同体意识和利益分享、荣辱与共的命运共同体意识。以人为本的企业在考核时，特别注意员工的个体差异及其发展和生命周期中不同阶段的不同需求，并考虑到各种个人和家庭因素，做出人性化的安排，并以发展的眼光来看待员工和企业本身。在这里，上述的社会范畴，从集体安全到社会认可，并非单纯的薪酬、福利等传统人力资源管理元素的生物范畴，而是社会范畴起到了决定性的作用。社会范畴主要讲集体利益，员工也要自觉维护和提升这个利益共同体和命运共同体。

西方管理很喜欢对个人做物质奖赏，特别是推销，收入中大部分靠佣金，其实这种激励对企业来讲往往具有相反效果。当我们特别奖赏某个人的时候，如其他同事都没有因这个人的成绩带来任何好处的话，心里只会一百个不服气，他们不敢对上司或企业怎么样，往往就联合起来专门对付那个工作有成

---

① 参见 http：// www. theatlantic. com/health/archive/2011/08/maslow-20-a-new-and-improved-recipe-for-happiness/243486/#. TkvKIRv8USE. facebook. http：// www. apa. org/pubs/journals/releases/psp – 101 – 2 – 354. pdf.

绩，并且拿到巨额佣金、奖金或分红的人。推销员的佣金收入特别高，工作上许多时候会被其他部门抵制，使他们对客户的承诺不能全部落实。在以人为本的企业中，每个员工都被接受为集体的成员，他的成绩是集体努力的成果，应该共同分享，其他同事反而会尊重和支持有卓越成绩的员工，一起为客户提供更佳的服务。近年来，连美国的一些企业都取消了推销员佣金制，使推销员跟其他部门员工得到同等对待。

受西方管理影响的人会认为这样的环境是"大锅饭""铁饭碗""幸福养懒人"。这是从概念出发的想当然。从大环境开始考察，我们会发现，我国一般民营企业没有国家庇荫，没有垄断，挣扎于竞争十分激烈的环境中，效率稍低的很快就会被淘汰，因此，懒人企业根本不可能存在。以人为本的企业从高科技行业的华为到餐饮业的海底捞，都成功证明了这种人本管理模式应该更具竞争力。然而事实是今天依然有很多走18世纪、19世纪赤裸裸剥削路线的企业，它们早已被淘汰，而资本主义体系要在渗入社会主义的许多元素之后，才能维持到今天的生命力。市场经济本身是一个优胜劣汰的淘汰机制，管理层固然不能容许任何一个员工偷懒，而这一点企业员工其实全都知道，也明白饭碗是瓷造的，"大锅饭"根本不可能存在，啃企业只会很快把企业啃死。但是除此之外，员工在传统西方管理的企业中很难发挥其一亩三分地之外的作用，只有以人为本、让员工当家做主的企业才能真正掌握自己的命运，让员工发挥出最大的聪明才智。说到底，以人为本的企业的入职考核只会更严格，企业文化的伦理道德要求只会更高，员工工作的积极性只会更强，能够发挥贡献的舞台只会更大，"十目所示，十手所指"的人人自发监督制衡只会更严，因应外部环境变化调节适应的速度只会更快，真正做到以人为本管理的企业只会更具生命力。

作为员工的利益共同体和命运共同体，企业一定要与员工的利益荣辱与共，紧密挂钩。明朝兴起的山西晋商，早就有"身股"的制度，"就是所有票号的职员，按不同的岗位和职务都有一个没有资本金的股份，分享票号的盈利，用现代的说法就是'干股'"。① 今天华为也有类似的安排。如果资本与劳动两者没有分享的意识，就不能称为人本管理。

从另一角度看，我们也不能不指出时下对人本管理的一些误解：人本管理是一味地放任与放纵，不敢执行规章制度，违纪时也不敢批评，更不敢处分。这些看法基本上是把人本管理和人文关怀混淆起来。说到底，企业是一个工作的组合，并且需要赚取足够利润来维持生存和发展，这便要求企业对员工有必要的强制性和约束性，一定要追求绩效。由于企业不是社会，它可以根据需要自由自主地吐故纳新，与其花精力投入资源去做成效不高的监督，不如把同样的资源去巩固人本管理企业文化，吸收德才兼备的人才，并且把不能自我管理、自觉工作的员工一早排除于企业之外。这样慢慢下去，随着人本管理内部德才兼备的人比例提高，道德和互信的水平上升，企业文化会越来越浓烈，适应的员工会如鱼得水，十分惬意，不适应的员工也自然会很快发现，其实企业对员工有远比外边更高的德和才的要求，很难混日子，觉得无所适从，很不好受，即使企业不积极淘汰他，他也会自动退出。

人本企业对员工是有奖有罚的。正如前面在"领导模式"一章的阐述，人本企业对员工的奖罚并不是简单地局限于金钱收入的增减，处罚员工的措施比西方传统管理要更加多元化。更重要的区别是，人本管理对已经被接纳为利益共同体、命运共同体的员工的惩罚目标不是要伤害他，隔离他，而是要教育他，帮助他提升和进步，惩前毖后，治病救人。

---

① 孔丹. 难得本色任天然［M］. 香港：中港传媒出版社，2013：201.

12 | 处事

圆融

中国人处事的最高境界是圆融，而不是判别正确与错误，因为中国人向来没有西方一神论所衍生的绝对真理，知道世上绝大部分事物都与对错无关，主要是利益和意识。我们更清楚，犯错当然不好，即使做对了许多时候也是于事无补的，因而分清楚了对错也无助于有效真正解决问题。理想的圆融处事方法就是，让各方利益攸关者都各得其所，都满意，都没有后患。简而言之，圆融的处理要求系统思维，考虑问题时要从一个互相连系、互相制约的整体出发，从中抽出多个重要的矛盾关系，再在每个矛盾的两端中间找寻一个拿捏点，这样才能把所有积极因素调动起来，达成目标。这要求把很多因素都综合考虑进去，一一调整到某一平衡点，最后实现集体利益最大化。这就好像控制专业的音响器材，有许多条杠杆，每条都要推到不同的地方才能产生最佳的音响效果，这就是近来流行的"共赢"的道理。实际上，这种系统思维如何操作，颇难以用言语来简单描述，表达得最细腻的应该是毛泽东的《论十大关系》，这是值得详细学习的经典，西方没有类似的思考方法。

由此可见，圆融的处理手法，一定是综合的、中庸的，而不是简单的、极端的，因为根据太极图的思想，两极之间还有很广阔的不同光谱可供落墨。

因此，中国人在解决纠纷时，往往会要求"一人走一步""各打五十大板"。处理得好，就是极具灵活性的，大家都满意。处理不好，就是没有原则的和稀泥，虽然问题始终也是较容易接受地解决了，但后遗症却也不少。

决策之道无他，《大学》有云："物有本末，事有终始，知所先后，则近道矣。"管理人员做决策是一门艺术活，不外于就是掌握本末终始之道，适当拿捏轻、重、缓、急而已，"运用之妙，存乎一心"。

存天理，灭人欲

前人已总结了经验，认为最重要的是决策者首先一定要少私欲，所以程朱理学主张"存天理，灭人欲"。这等于要求领导阶层全都要做雷锋，有点陈义过高，虽然难做到，但"取法乎上得乎中"，作为理想，还是需要的。普遍能做到"大公有私"已经不错，起码总比西方鼓吹的个人主义，"私"字当头好得多。早在三国时期，诸葛亮便教导儿子要清心寡欲："夫君子之行，静以修身，俭以养德；非淡泊无以明志，非宁静无以致远。"（出自诸葛亮《教子书》）作为操作性的指导，《大学》指出："知止而后有定，定而后能静，静而后能安，安而后能虑，虑而后能得。""知止"的意思是除了认清目标之外，决策者还要"知所行止"，当行则行，当止则止。一个人少私欲，淡泊名利，便少私心，处事便能"正大光明"，"知进退存亡，而不失其正"（出自《周易·乾卦》）。决策者的历练、知识、技巧等当然重要，但这只是其次，首先是要心正，心正才能身正，"其身正，不令而行；其身不正，虽令不从"（出自《论语·子路》）就是这个意思。一个能知行止的人，静、定、安、虑等便会自然随之而来，最后才能达成目标，有所得。西方流行的"目标管理""成果管理"等，从来都没有"正"和"止"这两个本源，是典型的舍本逐末的皮相之学。

难得糊涂

西方决策学，一般都要求快刀斩乱麻，认为坏决策总比没决策好（Bad decision is better than no decision）。中国人可不这样看。对决策新手而言，犹疑不决是怕冒风险，希望决策越晚信息越多，风险不断收窄，到最后事到临头，再无选择，也无须真正决策，抉择已为客观形势所定，结果也难以改变了。真正掌握中国式决策的高手很清楚，像世人的病痛一样，有90%都是过一段时间之后便会不药而愈了（而医疗手段，绝大部分的作用都只是降低病征，减轻病人的痛苦而已，是药三分毒，吃药必然有其他副作用，还是尽量避免为宜），同样道理，"事缓则圆"，只须给予适当的时间和空间，世上绝大部分的问题是会自己解决的，无须庸人自扰。根据现代系统理论，任何一个能持续稳定运作的系统都有自我修复、回归平衡的功能。只有在系统破坏、自我修复平衡的功能失效的情况下，才需要外力干预修正。因此，在许多情况之下，推、拖、拉未尝不是较好的处理手法，往往比勇于做事、主动介入有更圆融的效果，而且省事，少有后遗症。这是中国人"无为而治"的精妙所在。

因此，中国式解决问题的方法有一种不足为外国人道的手段：难得糊涂。难得糊涂不是说放弃原则，而是在集体利益、大是大非面前绝不含糊，在关乎个人利益、荣辱等问题时，则不斤斤计较，大可糊涂、豁达、忍让。我们鄙视那种放在外边卖弄的小聪明，在待人处事时经常装聋作哑，不对问题采取行动，甚至故意糊涂，明知故犯，甘愿吃亏。

难得糊涂实则是以退为进的策略，事缓则圆，退一步海阔天空。因为很多时候时机未到，如明知不可为而为之，只能以失败告终，所以有时事情碰到瓶颈，便应暂且放下，静候时机成熟时再说。对一些不便于做的事情、不便于回答的问题等，要故意模棱两可，佯装不懂，假装不知。当面对外来的流言蜚语时，应当不争辩不反击，多干实事。有时难免会遇到一些尴尬的处境，处于左右为难的状态，不妨睁一只眼闭一只眼让它过去。

中国人看事物习惯整体、系统地看，从大、从远地看，因而只要有利于远大的战略目标，不会斤斤计较一时一地的局部损失。人与人之间的交往，中国人讲究"你敬我一尺，我敬你一丈"，自己先主动吃点小亏，往后便会出现意料不到的友好和顺畅之效果。尤其是在建立互信的时候，中国人先拿出善意去相信别人，冒的只是被骗和受损的潜在风险，往往赢的却是实实在在的结果。

许多事情，说出来只会引起无谓的口舌之争，以及更加伤害感情和气。做了才说，甚至做了也不说，往往会有更好的实际效果。到那个时候，如结果为大家所接受，便无须争辩；要是结果不好，哎呀，对不起，一时疏忽，不干了。

最忌"见物不见人"

做决策是严肃的艺术活，所以中国决策高手一碰到问题，第一反应不是行动，而是观察，情报先行，其中人的因素永远是第一位的。所以他一定问：谁说的？他为什么要说？为什么要这样说？谁在搞鬼？谁会得益？谁会吃亏？谁会帮我解决问题？谁会妨碍我？我们最忌"见物不见人"：事情本身不重要，中间所牵涉人的问题才最重要，因为如果没有这些利益攸关者的利害得失，问题根本就不存在。弄清楚上述一连串人的问题，需要很细密的调查研究，这些工作许多时候也不能大张旗鼓地做，只能暗地里迂回地探索，时间不可能短促。而人与人之间的矛盾，也需要时间去发酵，最后暴露，或者自然解决。"主不可以怒而兴师""谋定而后动"，我国对决策者一般都有这样的要求，并习惯以推、拖、拉来争取时间，同时争取盟友，"伐谋""伐交"，往往达到"不战而屈人之兵"的效果。

在弄清楚问题中人的错综复杂关系之后，在必须介入的时候，解决的方法也是通过适当理顺这些人际关系，进而理顺系统中的各种矛盾，得到圆融的效果。关于人际关系的圆融处理，我国的传统要求情、理、法兼顾。法是以往处理同类问题的总结，是直到目前为止大家公认的规矩，我们要尊重历史。情是当前的错综复杂利益，是矛盾的症结，我们要面对现实。理是当中任何一个讲道理的利益攸关者都心服口服的公正、公平的结论，我们要放眼未来，免留后患。情、理、法兼顾，就是尊重历史，面对现实，开拓未来，让各个利益相关者都过得去、零怨气的处理，也就是圆融的处理。① 要注意，圆融与圆滑有本质上的区别。圆融是圆满地把问题解决，各利益攸关者皆大欢喜，并把后遗症降到最少、最低。圆滑是将"大事化小，小事化了"地把问题卸掉，问题并没有解决，只是隐藏、冻结起来而已。中国人向来都尊敬圆融的决策者，鄙视圆滑的卸责者，只是低劣的卸责者从来都远比高明的决策者多而已。

我们中国人特别讲究易地而处，将心比心。将心比心是指大家面对共同的目标，易地而处，从对方的角度考虑一下彼此的难处，求同存异，互相包容，互谅互让，达成大家都能过得去的方案。如果将心比心这一关能过得去，处理方法和结果肯定就是合理的。比方说，跟人家说话之前，先想想怎么讲才能让对方听得进去。在提出方案之前，先想想可能有哪些人会不同意，事先沟通和疏导一下。这绝不是讨好、迁就，也不是和稀泥，而是快速找到各方的共同点，顺畅地把问题合理解决。因此，西方到今天都不能了解为何中

---

① 曾仕强. 赢在中国式管理［M］. 广州：广东经济出版社，2010：18－19. 这本书中对个人如何圆融地处理上司交代的新任务，有十分具体而精彩的描述。

国人不会在会场上吵架，议而不决，或者节外生枝地出现意外结果，开会都是走程序，最后一定是大比数通过。

抓大放小

管理之道无它，拿捏轻重缓急而已。西方管理学把事情分为紧急和重要两方面，要求优先处理既重且急的事情，最后处理不急不重者。对于中间急而不重，或者重而不急的，则要优先处理重而不急的。抓大放小是另一种思路，放在毛泽东的《矛盾论》框架中，接近抓住主要矛盾和矛盾的主要方面，集中搞好宏观控制。对于其他次要矛盾和矛盾的次要方面等，则可以放轻，放权，甚至放下。

管理人员到了某一个层次，便要务虚多于务实。我国官员，处级以上的一般都不管具体实务，只抓政策。虚实大小都抓的话，日理万机，累死还在其次，首先是不能有效解决问题。管理人员的时间和精力永远都嫌不够，他要故意无视麻烦吵闹的小事，挑结构上的关键点，以及成本效益比最大的问题去着力。只有选择性放弃某些小事之后，管理人员才有时间腾出来，真正做好重要的事，以及思考结构性的长远改善问题，这样才能自主驾驭局面。

习惯系统思维的中国人都明白"纲举目张"的道理，只要战略正确，战术上的错误只要不是太多的话，通常改变不了大局的发展。因此，我们的领导大都懂得抓大放小的道理，只制定宏观性质的指导思想，其他放手让下属发挥，"大错不犯，小错不断"。只有抓大放小，才有空间让广大员工参与进来。一线提出问题时，要求他们同时提出建议，上司只保留否决权，一般情况之下都依下属的建议办，即便下属的建议明显不是最好的。这样上司基本上是下属的服务中心，才能达到如德鲁克所说的"领导而非管理"（lead, don't manage）的要求，团队通过犯错、试错、问责而得到进步提升。

比如，我国国有企业总结了"鞍钢宪法"：两参一改三结合。① "两参"即干部参加生产劳动，工人参加企业管理；"一改"即改革不合理的规章制度；"三结合"即工人群众、领导干部与技术员结合。这种鼓励团队参与的管理方式，开了后福特主义的管理先河，被西方学者奉为"全面质量"和"团队合作"理论的精髓。② 这是管理方面的群众路线。

忍

我国一向有忍辱负重的传统，也就是时下所说的"高 EQ（情商）"，古有勾践"卧薪尝胆"的成功例子，当代有邓小平"韬光养晦"的遗训，行了1/4 个世纪之后还发挥着作用。忍是中国人特有的心法，举世无双，发挥着一种阴柔的韧劲。不少人家中或者写字楼里都挂了个"忍"字，可见忍功深入人心。

忍并不表示懦弱，而是一种无势不动的修养。忍无疑是自我压抑，但并不表示放弃、投降，所以忍更重要的意义是有积极目标的忍耐，在主客观条件未具备之前不做轻举妄动。中国人处事讲势，因势而动；没有势，当客观形势对自己不利的时候，即时机未到，便要按兵不动。坚持一动不如一静，尽管自己卧薪尝胆，苦头吃尽，外边百般引诱，多番挑衅，"我自岿然不动"，不去硬碰，不做无谓牺牲，以保存自己的有生力量，静待反扑时机。无势不干，跟佛家"无缘不渡"是同一个逻辑，坚持要求善信自愿来寺庙求神拜佛，而不会像西方基督教主动走出去传福音，劝人信教。这阴柔的家数跟西方

---

① 毛泽东在 1960 年转发《鞍山市委关于工业战线上的技术革新和技术革命运动开展情况的报告》的批示中，提出两参一改三结合的想法。
② 参见崔之元的《鞍钢宪法与后福特主义》。

"人定胜天"、许多时候不管三七二十一定了目标就蛮干到底的思路完全不一样，按照西方的思路去做，开始时会气势难挡，在付出很大代价之后，往往效果不彰，缺乏持久力。无势不动，是在蓄势待机，孙子云"不动如山""动如雷震"。势一到，便要像雷霆般出击，毫不留情地把问题彻底解决掉，把敌人打倒，打垮，这才叫作忍。

从 1840 年鸦片战争到 1949 年中华人民共和国成立，中国经历了超过一个世纪的沉沦，终于一步一步地重新站立起来，之后又忍了 50 年，到 21 世纪初才否极泰来，进入小康社会，创造大国复兴奇迹，打破了人类历史上民族沉沦之后不能再起的宿命。这一个半世纪中间的辛酸，中华民族如不具备深厚的阴柔忍功，根本无法挺得过。

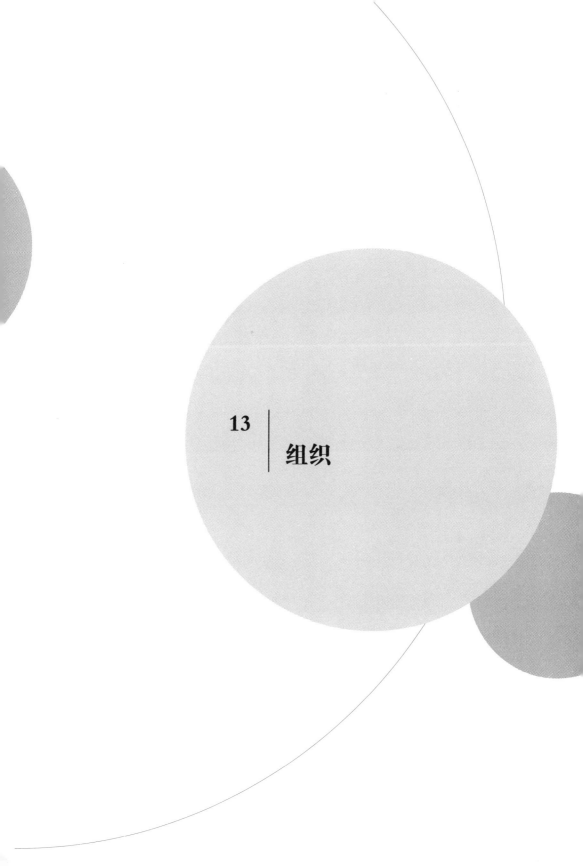

13 | 组织

把组织架构通用地画成金字塔形状，看起来十分自然，像把树倒着放，拿着主干的头，下边的枝叶全掌握：西方称之为 bureaucracy，中译为"科层制"或叫"官僚制"。几乎所有讨论中国式管理的文章，一谈到组织，都一致认为中国人有另外的想法。其中，人们提出最多的是倒金字塔形状，或者是树状的组织结构。根据这种说法，树干扎根于地面，成了几百年的基业，树有很多的枝，树根也分很多权，这就是倒立的传统组织结构。这种论述说的不是组织架构，而是一种经营管理的理念。

　　这一说法，有点穿凿附会。西方现代的官僚制模仿中国，按道理它的组织结构根本不可能与我国相反，况且尊卑上下有别，我们中国人是永远都不会倒转的。尊下卑上，这岂不是乱了套吗！

　　我国佛家一向有以图表等来阐释道理的习惯，其实很早就有类似金字塔形状的组织结构。区别在于我们从来都不迷信于图表，并进而僵化为职权描述，把活生生的人套进死板的小格子之中。我们有制度论而不是唯制度论，制度是因人成事，为人而设的，这是因为中国人除了尊卑之别外，某些时候更加注重的是亲疏的关系。我们每个人都以自己为中心，往外一层一层地画圈子，同时也以某一族群为中心画圈。以企业为例，我司与贵司是内外有别，我部门与其他部门是亲疏有别。因此，对于中国人的团体单位来说，除了上述二维的金字塔图之外，我们脑海中还要附加另外一个许多交叉重迭的圈圈，即一个三维图像。

　　以人为本的中国式管理并非颠覆了西方管理流行的金字塔组织架构，而是大大地丰富了它。由于西方缺乏内外亲疏这种考虑，人际关系已经远比我们简单，再加上上下级关系也远比内外亲疏更容易处理，基本上只是领导和被领导的关系，只有既要团结也要竞争的平级之间的相处比较麻烦。中国人的组织不但尊卑有别，而且内外有别、亲疏有别。从二维上升到三维，人与人之间关系的复杂性出现飞跃性的增加，有了第三个维度之后，整个组织结构便活化起来，就是同一个职位，职、权、责、利等都可以大不相同。一些卑贱的成员（古代的太监就是一个明显的例子），因为接近权力中心，所以往往可以产生无法想象的影响力。

　　以人为本的管理认为，人不是为制度、为某一个职权而存在，而是在有需要时，我们会毫不犹豫地对这个组织做小修补，甚至大改以迁就个人。整个组织本来就是一个有生命的有机体，而不是一个死的图，它时刻都在学习、提升，并随着内外的变动而做出调节、修复，我们在概念上也要这样对待它。因此，中国人认为，组织应该无常态，不能说哪个模式优于另一个模式。"捉到老鼠就是好猫"，能适应某一内外环境而可持续发展、进化，不被淘汰的，就是好的组织形态。当一个组织的自我调节和修复功能失效的时候，它就会被客观环境所淘汰。我们需要因时制宜、因地制宜、因人制宜地去选择适合我们需要的组织方式，并且有意识地去不时做出总结和调整。

　　由于深受西方分科之学的影响，现代大中型企业的内部分工越来越细，管理人员一般情况下都在企业分管特定的具体工作，如何在自己分管的工作范围内指导下属，平衡全局和局部的矛盾，以服从于大局利益，是他们经常碰到的挑战。这是现代企业在组织设计上必须要解决的问题，传统的组织是通过下级服从上级，把最高管理层的意志层层下达，贯彻落实。以人为本的企业解决的方法是，如何灵活创造有利条件克服这些结构性问题。解决问题的基础，依然不能脱离建立和巩固利益共同体和命运共同体这个指导思想。

在某一特定情况之下，企业需要投放某些人才到某个位置去解决某些问题，这就形成了它的架构，企业的架构是它在适应客观环境变化中吐故纳新的结果。架构是否合理，全在于效果。本书再三提倡的小组做项目管理式的运作，最突出的效果是能让人才成长、富有适应性和创造力，特别适用于当下经营环境快速变化、竞争激烈、产品周期短的生态环境特点。

无论如何，即便是在一个千百人的中小型企业中，人本管理也不可能有效运作。人一多，成员之间连名字都陌生，这样的环境根本谈不上人本。我们要换脑袋，正如现代战争不再有千万人冲锋陷阵的场面出现，同样道理，随着自动化生产的普及，企业已经不再需要千百人一起在一条生产线上协调工作。企业将要采取类似特种兵的小组打法，本书提倡的自我管理小组，在一些高科技公司之间已经逐渐流行，很快必将成为企业运作的常态。大企业内将会出现无数个不同组合的短期小组，解决各种不同问题。问题一经解决，便做编程，交给机械人做日常处理，小组解散，成员回归本来的部门，再参加新的组合。只有这样变化多元的企业组织，才能有效适应日新月异的客观环境，以及客户的各种不同要求。

这一思路跟日本"管理之神"稻盛和夫成功实践的"阿米巴组织"的理念十分接近。稻盛和夫成功创立了京瓷公司，但随着企业的壮大，组织的断层化和僵化问题严重，员工开始变得疏离，不再拥有创业时团结向前的心。稻盛和夫决定回到创业起点，把全体员工依照功能分成数个小团体，每一个小团体都像一个独立的中小企业一样独立经营管理，自负盈亏。小团体可以为了适应环境而增减，故名阿米巴组织。[①]

[①] 参见 http://wiki.mbalib.com/zh-tw/%E9%98%BF%E7%B1%B3%E5%B7%B4%E7%BB%8F%E8%90%A5.

14 | 计划

中国人在国际上是出了名的具有战略思维的。战略思维者，简而言之，就是往前多想几步，我们在下棋时，就要求有这样的思维。中国人从小便被灌输要有大志，有一个著名的故事说，一个人拾到一个鸡蛋，他就幻想蛋孵出鸡，鸡又生蛋……最后他成为富翁，还幻想要讨小老婆，这时老婆一手把鸡蛋推落到地上打破了，也打破了他的美梦。① 从这个故事可以得出，我们要有这样的战略思维，首先要放弃实时满足（instant gratification），不把鸡蛋马上吃掉，而把它放长线做投资，他日收回更高的回报。中国人崇尚勤俭，俭就是先不消费，省下来生钱，"积谷防饥"以备不时之需。因此，中国人的总储蓄率是全世界最高的，有了大量的储蓄再做投资，也正是这样，我国在改革开放以来没有走西方列强侵略掠夺的道路，维持了长期高增长的经济奇迹。习惯放弃实时满足的民族性是中国和平发展的不传之秘，其他国家的国民很难模仿我们，即便学了，也因为远没有我们这么庞大的人口和市场做支撑，而不能充分发挥这一优势。

　　中国人习惯了"凡事预则立，不预则废"，因为中国数千年来的管理人员都看过早在 2 500 年前战国时期的兵家名著《孙子兵法》，其中第一章便教导我们："夫未战而庙算胜者，得算多也；未战而庙算不胜者，得算少也。多算胜，少算不胜，而况于无算乎！吾以此观之，胜负见矣。""谋定而后动"已

---

① 邓拓. 一个鸡蛋的家当. http://blog.sina.com.cn/s/blog_48ad63100100gkcl.html.

经成了我们待人处事的起手式。

除此之外，我国从 1953 年编制第一个五年计划开始，至今已经编制和实施了 13 个五年计划。从"十一五"起，才将"五年计划"改为"五年规划"，但是过去只有第一个五年计划才稍为接近苏联的计划经济标准。说到底，僵化的苏联式经济计划根本不符合注重灵活变通的中国人的口味。即便是在不断市场化的过程当中，我国至今仍未放弃五年一次的规划，但俄罗斯却已经放弃了，可见我们还是相信计划的，只是不迷信僵硬死板的计划而已。

因为计划是死的，现实是不停变化的，而人却是灵活的，所以我们相信计划要通过人的不断调节去应对变化中的现实。这个中国人觉得简单而理所当然的道理，西方 19 世纪一位普鲁士名将才恍然大悟，知道任何计划在落实时都有可能崩溃，需要有各种应变预案。苏联和东欧则要到 20 世纪 90 年代初吃了大亏之后才开窍，全面放弃中央经济计划。

人本管理要求既要计划，同时也要变通。这表面看起来十分矛盾，但矛盾的统一点十分简单，计划的过程远比其最后的具体内容更重要。计划不仅是运用战略思维，更是需要系统思维和沙盘演练。在通盘考虑的过程当中，我们摸清楚了整件事情的前因后果、来龙去脉等系统结构之后，便可就各种不同情况做出预案，即便将来事物的发展超出了预案范围，我们也不会迷失目标，并多少知道应该从哪里着手，要掌握哪些关键，懂得要在哪些环节做如何变通。顺着前面讲述的例子，当那个人拾到鸡蛋，他会计划如何逐步发展成为养鸡大户，创办农业龙头企业，同时，他也要盘算如果出现禽流感时会怎样，隔壁那个胖子又开鸡场抢市场时该如何应付竞争等各种可能出现的情况，而当鸡蛋错手掉下来时，他会条件反射地快速捞起上衣去兜着它。中国人的计划，从来都是计划、预案、变通的三结合。

西方政府也好，企业也好，都将计划视为低层次的技术问题，一般只交给一个小组或一个部门来完成。在中国，我们更注重计划指导思想的顶层设计，因为这一定是最高层领导的指示。革命战争电影中常见的画面是，在一个战役之中，毛主席盯住地图苦苦思索，随后发号施令，最后做出最高指示。而在计划的整个过程中，各层领导的介入一般都会比西方的对比单位更深。除此之外，人本管理制订计划的过程，要求群众广泛参与。前章提到过的"鞍钢宪法"的"两参一改三结合"中，"两参"之一就是"工人参加企业管理"。这是我国的传统，"三个臭皮匠，赛过诸葛亮"，同时也是最有实际效益的群众路线，因为越是一线员工，越能接触到生产和市场的现实，以及各个利益攸关者的想法和行为，只有通过群众参与，计划才能克服一般组织中必然出现的长官意志、官僚主义和闭门造车的倾向，做到实事求是。如果一个计划的制订是"从群众中来，到群众中去"，经过几上几落的讨论，形成了共识，那么每一个员工都会拥抱这个计划，也知道为何而战。时下有些企业往往拍脑袋抛出一些指令，谁也不明所以，谁也不相信它，因为"这是老板说的"，靠层层压力勉强执行，或者弄虚作假地造数字。两者相比，人本企业的战斗力肯定强得多。

　　计划的目标，始终离不开人。我国经济发展在过去一段时期曾经是见物不见人，只是关注 GDP 和贸易盈亏，但最终还是要回归到人民幸福这个目标。沿海地区的企业互相竞争、压抑工资以提高对外竞争力，结果是内地劳民工不来了。可见，在亚当·斯密的"无形之手"后面，仍然是有血有肉的人。不顾情、理的计划，就是忽略了人这个重要因素，是注定会失败的。如果我们撇开了利润最大化这个见物不见人的企业目标，或者投资者短期回报最大化这个奴隶主利益至上的错误目标，而改以员工幸福增长为目标，我们可以肯定，企业的长期利润和投资者的长期回报一定会更有保证，因为在企业和员工利益一致的共同体中，只有在企业欣欣向荣的状态下，员工的物质和精神报酬才会增长，他们才会做出更大努力去服务好客户，赢取业绩，这才是一个共赢的圆融计划目标。

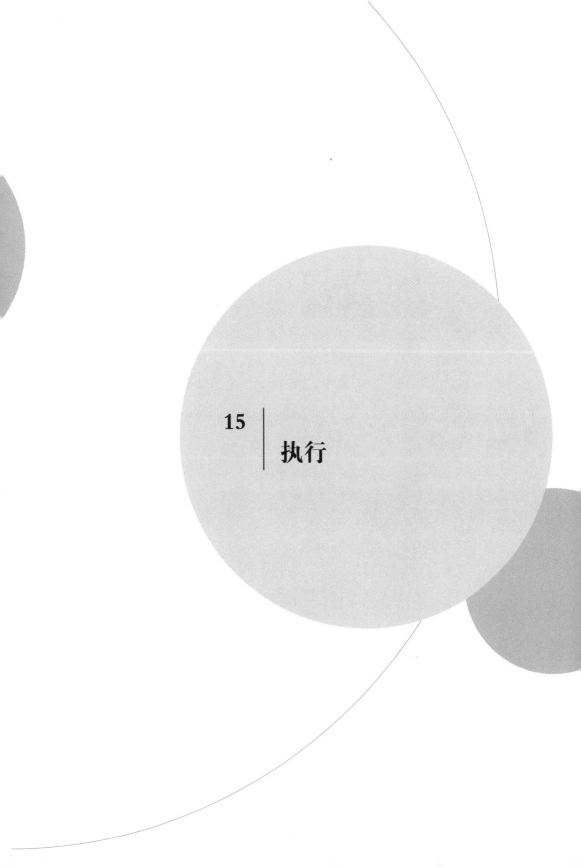

15 | 执行

以人为本的管理，在执行这一环节，讲求"择人而任势"（出自《孙子兵法·势篇》）。这里有两个关键词："择人"和"任势"。

毛泽东说过："政治路线确定之后，干部就是决定的因素。"[①] 用管理的语言来说就是，在做了计划、定了决策之后，在执行这一层次，执行者是成败的决定性因素。因此，任何计划和决策，如果不充分考虑执行者的综合能力和如何调动其积极性等这些人的因素，是注定要失败的。因此，"择人"者，既是要挑选适合的人才，同时也要掌握如何调动他们的积极性。

在现实情况中，每个企业都只有既定的人员和同样局限性的资源，管理者只可能充分运用现有的资源去做事，"择人"往往只能从现有的员工中挑，大不了再从外招聘人手，完全自由择优沦为一种实际上难以达到的理想状态。如何以十分有限的资源，化腐朽为神奇，让群众都能成为"真英雄"，这才是考验管理者的功夫。能充分激发每一个人的潜能的人本管理，是成功的必要条件，同时也是"择人"的真正意义。

传统上，我们有不少关于管理人员综合素质要求的说法，如：儒家著名的"五常"，即仁、义、礼、智、信；孙子认为"将有五德"，即智、信、仁、勇、严。现代应用心理学的分类更细，原理其实是大同小异。任何一个人都不可能面面优越，完成组织的具体目标也不要求全人。前提就

---

① 毛泽东. 毛泽东选集（第二卷）［M］. 北京：人民出版社，1991.

是要界定什么是完成目标的关键要求，管理者需要认定完成目标在人的方面的关键要求，并在既定人手中选出最适合的人选，用其所长，避其所短。

之后便是调动其积极性。这要求有关人员清楚并且认同工作目标，知道"为何而战"。调动员工积极性的基础是企业文化，特别是参与和分享。通过参与，员工能够认同企业目标和具体工作的目标与重要性，用西方的说法就是，他"拥有"了这个任务，一旦任务成为员工自己的任务，他便会自发地尽其所能去完成。这里还有其他技巧，如《三国演义》中经常出现的"激将法"之类，究其作用，也不外是使人拥有任务而已。个性化地取长避短用人，并使人与项目合一，是人本管理优胜于西方管理的地方。

"择人"是成功的必要条件，充分条件是"任势"。势有多个解释，在执行层次上是指主客观形势，简而言之，就是西方管理经常用的 SWOT（Strengths，Weaknesses，Opportunityies，Threats 分别指优势，劣势，机会，威胁）分析，亦即《孙子兵法》所说的"知彼知己，百战不殆"。其中，我们中国人特别关注机会与威胁等客观形势，因为"时势造英雄"，如果时机不对，事倍功半，时机一到，则事半功倍。西方一般做 SWOT 分析是静态的客观描述。"择人而任势"的整体意思说到底就是"因人成事"，企业有什么样的人才，就有怎样的优势和劣势，就能掌握多少机会和面临多少威胁。如果人才不够，也就只能出奇制胜、避重就轻，甚至放弃不干了。

在规划战略层次，如果时势不对，宁可不做，一旦到了实际执行的战术阶段，就已经势在必行，往往"人"和"势"都是既定的条件，我们所能做的只是因人和势而制宜。在未改变战略/计划之前，只能发挥个人主观能动性，创造条件造势，然后乘势而为。这就是华为著名的"压强原则"："在成功的关键要素和选定的战略生长点上，以超过主要竞争对手的强度配置资源，要么不做，要做，就极大地集中人力、物力和财力，实现重点突破。"① 由于人不能胜天，我们只可能创造出短暂的、局部的势，人工降雨就是一个明显的例子。红军往往就是掌握转瞬即逝的局部优势兵力，从而乘机从国民党军包围网中突围。

因此，中国人一方面肯定了人的能动性，另一方面也十分谦卑，不喜欢好高骛远。我们基本上认为，时势造英雄，而英雄造时势者，是指其事业成功到了某一地步，英雄已经成为时势，潮流为他所创，届时已经无所谓什么造什么了。人往往在这一阶段会变得自大，以为可以呼风唤雨，逆天而行，终于自招失败。

中国人做事，尤其是沿海一带的同胞，往往喜欢随机应变，凭感觉走。这是下策，其缺点是下属往往摸不清上司下一步的走向，很难积极配合，部门之间难以协调，事业很难做大。高明的执行者讲求队形，每一个员工不仅要有共同理念，而且要都清楚每场战役的目标和自己所扮演的角色，员工之间要有战友的感情和默契，因而懂得在战场上如何走位，各自精彩，但合作无间，过程专业而流畅。本书前文所述的"项目管理"和"自我管理小组"，就是以现代特种兵的打法，实践证明这种打法远比以前上级发命令下级服从的死板打法更有效。

---

① 吴春波. 华为没有秘密［M］. 北京：中信出版集团，2014：61.

16 沟通、谈判

即便在当今的电子网络世界中，中国人仍然倾向于面对面沟通，尤其是在饭桌上做面对面沟通。这是受我国几千年来"万物人为贵"和"民以食为天"思想根深蒂固的影响。但是无可否认，身临其境的感受是远比其他任何遥远距离的模拟方式都更丰富的，否则，以今天世界各地风光的视频如此普遍和精彩，旅游业应该早就已经式微了。在面对面的沟通中，环境的每一个细节，对方的每一个身体语言，都无不发出重要的信息，而这些信息，就算是通过视频会议都难以取代。更何况，有研究显示，人类在进食当中是最和蔼友善的，边吃边谈，最容易达成一致的意见。这说明了一点，以人为本的沟通，一定要坚持人这个因素。西方的经济学假定有理性的"经济人"，从而衍生了相应的管理学，基本假定在工作环境中人是理性的。这种简单的假设自然推出粗糙的结论。

我们中国人从来不这样推理。人就是人，有七情六欲，有吃、喝、拉、撒、睡等天然的需要。有需要便有利益所在，于是便产生了矛盾和问题，一般要通过沟通来解决。理性者，说到底就是如何和平地分配利益。如果和平方式最终不能有效解决利益分配问题，那就无须沟通，改以其他方法处理。古今中外，世事莫不如此。

因此，对中国人来说，沟通就是利益的博弈。中国人要求"推己及人""己欲立而立人，己欲达而达人"，最后才是"己所不欲，勿施于人"，这是消极的底线。我们的指导思想是将心比心，易地而处，玩的是非零和游戏，追求共赢、共同开发、共同富裕。广东的生意人有句"三字经"常挂在嘴边："街外钱。"意思是利益在外边，本来不是你的，也不是我的，所以要携手合作，一起赚回来之后才是真的，因此，利益是大家的，无须一开始便过分计较谁多谁少。所以一坐下来，西方人心里便盘算着"这对我有何利益"，中国人则思考着"我该给他什么好处才能得到利益"。两种截然不同的心态，自然产生不同的结果。中国人之间的沟通，各得其所，和气生财。中国人跟外国人谈判，除非中国人这边另有私心，在正常的情况之下，许多时候的结果都是中国人吃小亏占大便宜。这里固然有时不免有某种贿赂的成分，但更多是能放在桌面上的东西。中国人是最讲道理的，万事都有一个理，只要合理、合情，一切都好解决。

中国人谈判也是出了名的厉害。哈佛大学为此做了总结，称之为"原则主导谈判术"（principle-centered negotiation），俗称"哈佛谈判术"。据说在外交谈判中，一开始中方便要求先订立一些共同遵守的原则，之后便以原则说事，一切都不能违背这些大家已经同意了的原则，这样就可以较主动地牵制谈判。这里有一个十分有名的例子是，20 世纪 80 年代中英就香港前途问题的谈判。中英之间在开始时中方坚持只谈一个问题：三条不平等条约是否有效。这样谈了 20 多轮都没有结果，弄得港元崩溃，市场恐慌，中方依然坚持条约无效，最后英方在这个原则上做出了让步，很快便于 1984 年年底签署了《中英联合声明》，中国成功收回香港主权和治权，开了和平解决领土纷争的一个重要先例。英国人在香港的利益也得到了十分充分的补偿和保障。

对外谈判已经如此自如，更何况企业内部的劳资谈判。尽管不少老板想剥削，工人许多时候也会维权，但由于受到这种和谐理念的影响，即便是香港和台湾等地，也基本上没有西方那种对立的集体谈判气氛，共同的理念是劳资共坐一条船，彼此都要求合理，过得去。在香港，较激进的小规模工潮不但稀有，而且不少都是受到外国工人运动影响和资助的。

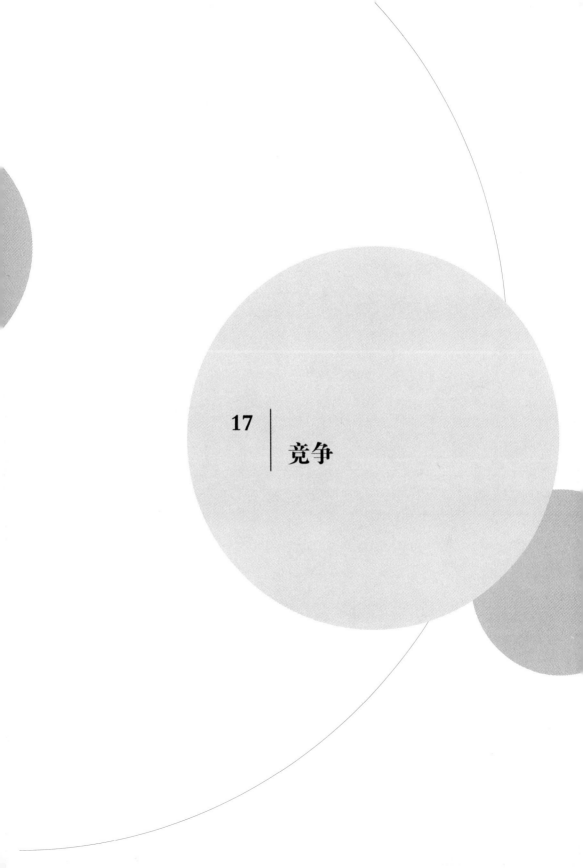

17 | 竞争

孔子说："君子无所争，必也射乎！"竞争是无处不在的，谁也避不了，躲不了。不要以为日本人团结，它的企业之间就不竞争。它们对外时尽量不竞争，只是以外国企业为竞争对手，不互相践踏，枪口一致对外，但在日本国内，市场竞争却颇为激烈，不然哪来那么多的汽车和电子产品的品牌。人本管理待人处事讲求双赢，讲的是要争取让利益攸关者都是赢家，这里利益攸关者包括社会，亦即所有的人，底线是不做损害社会公益的事情，亦即中国人所说的"伤天害理"的坏事。在这个底线之上，在漫长的历史中，中国人经历过多少不为外人所知的艰苦日子，社会中的竞争是最激烈不过的。同时，中国也是数千年来进行市场交易最早的国家，积累了大量的市场交易经验，因而也衍生出十分高深的竞争学问。这门学问，从《孙子兵法》《三十六计》到更近代的《厚黑学》，都被统归在"兵家"或者现代的"军事理论"之下。大家如果逛过外国书店并做一下比较，应当会发现我国在这方面的论述远比人家发达，我国的著作繁多，而且更有市场。中国人民向来爱好和平，而且在过去30多年里都没有发生过战争，但"军迷"特别多，这种爱好只可能源自日常竞争环境的影响。

　　在芸芸兵家的著述当中，这里只选了《孙子兵法》，特别是对他"必胜篇"的学说做了介绍。首先，竞争是零和游戏，"胜利"是竞争的最根本目标，虽然在20世纪出现了"博弈理论"这门学科，但古今中外没有人曾把必胜之道从"胜可知"到"胜可为"作为论述主题，并且没有人说得比孙武更系统和精辟。其次，对《孙子兵法》做注解的著作何止千万，但偏偏就没有人从这个角度去看《孙子兵法》，这里聊以做续貂之举。

我们为什么说《孙子兵法》的精要是"必胜"？因为它是人类历史上第一个提出了"全争"这一军事目标："故善用兵者，屈人之兵而非战也，拔人之城而非攻也，毁人之国而非久也，必以全争于天下，故兵不顿而利可全，此谋攻之法也。"《孙子兵法》整本书都在探讨如何达到不争是争，不战而胜的"止戈"目标，以及在万一"不得已而战"时，如何做到"胜可知"和"胜可为"。中国人尽力追求双赢，但到了双赢不可得的局面，我们也有一套绝活。要达到"全争"而必胜这个目标，在孙武看来很简单，只有两点：战略上要做到自己"不可胜"，战术上要争取"胜易胜"。这么简单又明显的道理，为什么你和我都想不到？

根据造字的根源可知，中国人向来主张"止戈为武"。"不战而屈人之兵，上上策也。"战略上维持一个和平的环境，"上兵伐谋，其次伐交，其次伐兵，其下攻城；攻城之法为不得已"。孙武要求在战略上努力谋求不战而胜，未战已胜，从相对和平的环境中经营自己的目标，不得已而战。

战略上行"不可胜"之策略："先为不可胜，以待敌之可胜。不可胜在己，可胜在敌。"不可胜在己，自己要先立于不败之地："故用兵之法，无恃其不来，恃吾有以待也；无恃其不攻，恃吾有所不可攻也。"没有己之"不可胜"和敌之"可胜"，那就是无把握之仗，绝对不要打。"是故胜兵先胜而后求战，败兵先战而后求胜。"要争取主动，调动敌人，然后利用"可胜在敌"之机，"致人而不致于人"，把自己放在主动的位置，驾驭全局，而不为敌人所动。

在这里，孙武提出了今天大家都熟知的"知彼知己"评估，"知彼知己，百战不殆；不知彼而知己，一胜一负；不知彼，不知己，每战必殆"。《孙子兵法》第一篇便提出在决定打仗之前要在庙堂之上做"庙算"，从"道、天、地、将、法"这五个角度去考虑，有胜算时才出兵。这沙盘推演也就是现代的 SWOT 分析。

在战术上，孙武要求采取机智的"胜易胜"手段："见胜不过众人之所知，非善之善者也；战胜而天下曰善，非善之善者也。故举秋毫不为多力，见日月不为明目，闻雷霆不为聪耳。古之所谓善战者，胜于易胜者也。"我们要求的只是胜利，而不是大战连场、死伤无数来显示战功。"胜易胜"谁不知道，虽然实行起来很难，但对孙武来说也不困难。根据《孙子兵法》的内容总结，也不外两个原理：形和势。

1. 虚实原理（形）：以优势兵力，避实（敌强之处）击虚（敌弱之处）取必胜，用现代的说法叫非对称战争。"夫兵形象水，水之形，避高而趋下，兵之形，避实而击虚。""十则围之，五则攻之，倍则分之，敌则能战之，少则能逃之，不若则能避之。"古今中外，打仗永远都是优势兵力那一方胜，关键是如何创造这局面，哪怕是短暂的、局部的优势兵力。特别要注意的是：

• 求胜是唯一目标，务求省力轻易，一拳击倒："兵贵胜，不贵久。""兵闻拙速，未睹巧之久也。"

• 避实："无邀正正之旗，无击堂堂之阵。"

• 以实待虚："以虞待不虞"，"以近待远，以佚待劳，以饱待饥"。

• 以己之实，就敌之虚："攻其无备，出其不意"，"出其所不趋，趋其所不意；行千里而不劳者，行于无人之地也；攻而必取者，攻其所不守也；守而必固者，守其所必攻也"。

2. 阴阳原理（势）：势者，是不得不如此的规律，包括自然、社会及行为科学的规律。"故善战者，求之于势，不责于人，故能择人而任势。任势者，其战人也，如转木石……故善战人之势，如转圆石于千仞之山者，势也。""置之死地而后生，置之亡地而后存。""九地之变，屈伸之利，人情之理。"类似的有关势的论述还有很多，详见于"九地篇""九变篇""行军篇"

等处。总结一下，不外乎：

- 情报先行。

- 试探，使敌暴露虚实："策之而知得失之计，作之而知动静之理，形之而知死生之地，角之而知有余不足之处。"

- 间谍：《孙子兵法》厉害的地方，是有一篇专门探讨用间之道，提出五种不同的间谍，并阐明其特点及作用。"用间有五：有因间、有内间、有反间、有死间、有生间。五间俱起，莫知其道……因间者，因其乡人而用之。内间者，因其官人而用之。反间者，因其敌间而用之。死间者，为诳事于外，令吾间知之，而传于敌间也。生间者，反报也。""五间"的分类，至今仍无人能超越。

- 设势，以假象（假势）误敌和诱敌："计利以听，乃为之势，以佐其外。势者，因利而制权也。兵者，诡道也。故能而示之不能，用而示之不用，近而示之远，远而示之近；利而诱之，乱而取之，实而备之，强而避之，怒而挠之，卑而骄之，佚而劳之，亲而离之。攻其无备，出其不意。""能使敌人自至者，利之也；能使敌人不得至者，害之也；故敌佚能劳之，饱能饥之，安能动之。"循着设势的思路，后来便衍生了流行至今的《三十六计》。具体而言，就是要集中兵力，形成局部优势，再分散对手的兵力，打其局部弱势，以多胜少。这个原则被毛泽东的游击战术发挥得淋漓尽致，以小胜大。

- 乘势："进而不可御者，冲其虚也；退而不可追者，速而不可及也。故我欲战，敌虽高垒深沟，不得不与我战者，攻其所必救也；我不欲战，画地而守之，敌不得与我战者，乖其所之也。故形人而我无形，则我专而敌分。我专为一，敌分为十，是以十攻其一也，则我众而敌寡；能以众击寡者，则吾之所与战者，约矣。吾所与战之地不可知，不可知，则敌所备者多；敌所备者多，则吾所与战者，寡矣。"在设了势之后，我方取得了战术上的优势，或者待敌人进入圈套之中，便要争取时机，乘势歼敌。

　　在咀嚼过只有6 000多字的《孙子兵法》13篇中上述精要之后，当知道国家也好，企业也好，只要完全按照孙武的指导原理，百战百胜应该是十拿九稳的事情。再比较一下时下西方最权威的战略管理大师迈克尔·波特（Michael Porter）的几本著作，高下立见之外，更彰显了东西方考虑同样问题思路的南辕北辙，截然不同。孙武简单实用，直指问题的核心关键处。迈克尔·波特则把问题分类，抽丝剥茧，看似条理分明，实则十分机械。"运用之妙，存乎一心。"《孙子兵法》明显层次更高，更具指导性意义。

18 | **持盈保泰，长治久安**

据考证，人类自非洲大陆迁徙移民以来，最古老的文明是两河文明，即在今天的伊拉克境内，但今天的伊拉克人，已经不是当年的两河人。今天的埃及、希腊、印度等，原住民已经难以辨认，一经沉沦，便会湮灭，或被灭种，或被同化，再难复兴。中华民族，虽然历尽苍桑，几次陷于灭族的边缘，但至今依然延绵不断，永葆青春。最近西方流行的说法认为，在过去 2 000 年的历史中，只有 200 年中国不是世界第一。这一辉煌成绩，有两条原因：在逆境中坚毅不拔，在顺境时努力持盈保泰，追求长治久安。坚毅不拔属于民族性范畴，持盈保泰、长治久安，则属于管理范畴。

　　企业的盛衰生灭跟人的生老病死一样，都不可避免，在主观上，人和企业都希望能尽量活得长久一点。西方管理讲究制度，但西方《财富》世界 500 强大企业的平均寿命只有 40 年，100 多年前刚开始时入榜的，至今只有通用电气（General Electric，GE）公司硕果仅存，可见单凭制度并不管用。随着科技和社会的高速发展，马云预言今后很少有公司能生存 30 年。

　　中国传统思想注重天人合一，要求顺天应人。天地万物，不外是一阴一阳对立面的相互转化，这个过程的顺畅与否，关键在于彼此之间的矛盾能否统一。阴阳之间能有效沟通，主要在于统一能主导矛盾，通则畅，畅则和，和则万物兴旺繁盛。沟通不畅，关系处理得不好，便会出现对立、对抗、矛盾冲突，甚至暴力战争。

　　《周易》对于事物兴衰循环做了具体表述的是泰卦。泰卦在卦序上是继小畜与履之后，泰卦之后是否卦。在人民群众聚集起来（比卦）之后，君王开始养贤（小畜卦）、设礼教（履卦），到泰卦则表示人事达到一种完美的境界与阶段，万事如意，一片和气，有如春天一样，一切都那么美好。但春光虽美，仍应慎防物极必反，泰极而否来。从泰到否，是历史从盛而衰的拐点。《序卦》曰："履而泰，然后安，故受之以泰。泰者，通也。物不可以终通，故受之以否。"我们一般说"否极泰来"，这并非《易经》的原意，圣人是想教导我们如何避免"泰极否来"。

我们不妨详细探讨一下古人设泰卦的意义。泰卦卦象是原本在下的"地气"（坤、阴）由下往上行，原本在上的"天气"（干、阳）由上往下走，代表天地之气互相交合而通泰。"彖曰：泰，小往大来，吉亨。则是天地交，而万物通也；上下交，而其志同也。内阳而外阴，内健而外顺，内君子而外小人，君子道长，小人道消也。"泰卦的爻辞具体说明了如何可以做到"小往大来"，包括维持统一、处事公正、给予基本福利、取信于民、亲密沟通、不怕吃点小亏等。泰卦天地之气有所交流而万物通畅，滋长繁茂。在人事上，"上下交，而其志同也"，上下交流沟通而达到同心一意。"内阳而外阴，内健而外顺，内君子而外小人"，在内具有君子的涵养与刚健美德，在外又有小人的手段与柔顺的处世，"外圆内方"是中国人待人接物的特色。"君子道长，小人道消"，阳气（君子）在增长，相对的阴气（小人）在消退，因此，能够万事亨通。

这里特别要展开一下"君子道长，小人道消"的含义和指向。中国人一早便认定运气的媒介是人，贵人（君子）会带来好运，小人会带来恶运。在一个"君子道长，小人道消"的环境中，自然好运连连，无往而不利。因此，作为指导原则，我们要"亲君子，远小人"，务求要经营一个正气的环境，身处其中便少了许多坏影响、坏引诱，也少了许多烦恼和恶运。其中，手段之一是与人为善，广结善缘，行忠恕之道。另外一个更重要的手段，就是建立和巩固一个高道德标准的企业文化和团队。

自然现象有循环的规律，事物总是与对立面相互转化。泰卦的反面是否卦，"地气"若停留在下、"天气"停留在上，则为阴阳窒塞，没有交流，便成否卦。所以《周易》丰卦曰："日中则昃，月盈则食。"《诗经·大雅·凫鹥》小序中有曰："太平之君子，能持盈守成。"所谓"持盈保泰"，讲究如何维持上下一心、万事通畅的状态，防止物极必反，事物发展到了极端便开始逆转，出现"泰极否来"的拐点。因此，中国传统上刻意不追求完美，在极端美好状态之前停住，以缺陷作为警惕，对待对立力量时，不着意要赶尽杀绝，甚至有意识地加以保存，以作为警惕和制衡，这才有"入则无法家拂士，出则无敌国外患者，国恒亡"（出自《生于忧患，死于安乐》）这种表面上颇为奇怪的看法。在企业经营方面，待人处事要刻意留有余地，不赚尽，不赶绝。

中国人持盈保泰的另一个传统是为各种天灾人祸做好准备。古有名训，"养儿防老，积谷防饥"。中国人不会抱着"今朝有酒今朝醉，明日愁来明日愁"的心态，更不会像西方人那样敢于寅吃卯粮，"先使未来钱"，而是乐于放弃实时满足，把资源积蓄起来，以备不时之需。因此，中国人一向以勤俭著称，人民的储蓄率超过40%，堪称全球最高，同时，这也是过去经济长期高速增长的基础。中国影响所及的东亚国家和地区，普遍都有勤俭的美德。郎咸平教授曾经研究香港几家大地产商的经营管理，发现它们的负债率都是极低的，手上现金非常充裕。全世界成功中资企业的一个共同特点是，高储备，低贷款，分散投资，因而能旱涝保收，撑得过外部的盛衰循环。

松下幸之助称这种以防不时之需的心态为企业的"水坝式经营"。如同水坝拦截水源，不论雨季或旱季，都可发挥调节作用。企业若有意识地设置类似机制，就能应付各种突发状况，不管外界如何变化，都可以维持稳定。松下幸之助提出了企业经营的五种水坝，包括资金水坝、设备水坝、库存水坝、新产品水坝和心理水坝。企业在这五方面都要保持富裕，避免陷入困境。

由此可见，中国人持盈保泰之道是基于忧患意识而进行的高储备和分散风险。但是随着科技的快速发展，产品生命周期短暂，产业发展此起彼伏，企业的适应能力和创新能力更为重要。所谓持盈保泰者，就是一场持久战。持久战的目标是保存自己的有生力量，消灭敌人的有生力量，而不在于一时一地的占领。这里，美国3M就是一个最典型的例子。它的缘起与明尼苏达州和矿务有关，100多年之后的今天，其总部还在明尼苏达州，但全球雇员已达9万，业务十分多元化，产品有5万多种，天天创新，而且其业务与矿务一点关系都没有了。以它的活力，估计100年之后还可能欣欣向荣。3M是美国第一家接近这里所说的人本管理大企业，许多后起之秀都曾向它取经。许多大企业的破产，都是由于被成功蒙蔽了触觉，不知道客观环境已经改变了，还死守一隅，吃老本，于是走上末路。江浙的荣家、俞家、盛家等，虽然经历了我国近代100多年的战乱和折腾，但至今还保持一定的实力，其背后的精密部署，艰苦经营，殊不简单，它们的共同点是都已脱胎换骨，并且很早便把一大部分资产和业务搬离中国，做全球化经营。东南亚华侨经历了多次排华迫害，至今依然牢牢控制着这个地区的经济命脉，可见其中也有不少绝活。

"天行健，君子以自强不息。"只有不相信永恒的美好、一劳永逸的制度和策略，不抱残守缺，才能把不断改革创新以贴近变化的现实作为常态。在此基础上，为了争取必要时进可攻、退可守的回旋空间，企业内部不妨多做现金储备，少贷款，两点合起来，才是中国人持盈保泰的最终秘诀。

19 | 变动与探索

在西方，"转变管理"（change management）在管理学中是一门新显学，中文尚没有"转变管理"的概念，这个词在百度中也找不到。这不是因为中国人观念落后，或者保守，而是对于经历过 5000 年有详细记录无数天灾人祸历史的中国人来说，我们早就已经知道"居安思危""天下大势，分久必合，合久必分""变化才是永恒"的道理。起码自有《易经》以来，转变管理的理念便已经流淌在我们的血液中。

首先是道与势的矛盾统一。中国人知道"万变不离其宗"，变化中永远有不变的一些基本原则，因为"天不变，道亦不变"。中国人不会无缘无故地变，更不会为变而变。与此同时，《易经》教导我们："天行健，君子以自强不息。"那就是说，我们面对的形势天天在变，我们被迫也要顺势而变，有时更要主动乘势而变，不可错过时机，千万不可逆势而为。因为"形势比人强"，我们深知这世界正处在不断地变化中，所以中国人不相信死板的规条，走在形势之前是"左"，落在形势之后是"右"，都是错误。这也就是所谓"时势造英雄"，而时势造就的英雄往往可以反过来创造下一波的时势，但是我们不能头脑发热，不顾客观形势瞎闯。一旦失了势，连李嘉诚都曾经因为生意失败而欲自杀，那时候，由于失了势，他根本没有"超人"的力量。

在信息时代，我们能够掌握大数据，并且拥有越来越精密的计算机分析工具，能提供各种指标帮助我们掌握大势和预测未来，表面看来，人类已经有能力去解决上述一系列的问题，但是今天我们要面对的不是信息不足，而是信息泛滥问题，五花八门的信息反而使我们不知所措。如何处理"常"与"变"的矛盾统一，什么要变，什么不变，何时变，怎样变，归根到底，靠的纯粹是感觉。那就是说，经历数百万年不断进化升级的人类生物计算机，比什么都强。

西方受一神论传统的影响，追求绝对真理，管理上要求"第一次就做对"（right at the first time）。因此，西方管理花很多精力做计划，计划一经确定以后，就要一往无前地贯彻执行。但是计划确定以后，主客观形势会继续发生变化，许多时候形势正越来越偏离原来的设计，计划的合理性和可行性不断下降。在这种情况之下，我们如果还固执地继续努力落实脱离了现实的计划，岂不荒谬？信息产业就不符合一开始就完美这一套，必须实践第一，争分夺秒，天天微调，不时更新、升级。这与中国人做决策的特点一样，我们永远不会自以为已经掌握真理，而是永远都走着瞧，看着办，在过程中不断微调修改。数百万年的进化，人类的大脑已习惯从海量碎片化的信息中自动做出某种整合，并做出最佳决策，我们要相信我们天赋的才能。

由此，当一切都在快速变化的时候，一辈子的修为便该派上用场了，"知止而后有定，定而后能静，静而后能安，安而后能虑，虑而后能得"。说到底，我们唯一的指引就是凭感觉，凭良心，看着办。我们相信良心会顺应天理，带领着我们何时何地都不会迷失。从这个角度看，"摸着石头过河"，试试看，走着瞧，顺天应人，既顺着势，同时又创造新条件，这就是"转变管理"。

因此，"摸着石头过河"这一谦逊包容的态度最适合改革开放，从已知走向未知。邓小平说过："我们把改革当作一种革命。"但革命如果突然爆发，无须管理，往往也无法管理。搞改革是因为要与现有秩序和既得利益对着干，但同时又要做出某种妥协，需要细致拿捏，难度远比搞革命高，[①] 更加需要试

---

① Samuel P. Hungtington：*Political Order in Changing Societies*，Yale University Press，1968，P. 345.

试看，走着瞧，顺天应人，既顺着势，同时又创造新条件。万一处理稍有不慎，许多时候改革失败就是革命的开始，改革者则会身败名裂，处于万劫不复的境地。我国过去数十年的改革开放，虽然说不上一帆风顺，但其前无古人的骄人成绩，中间每一个阶段都不容有重大的失误，也不是侥幸得来的。

在商业领域，大家都已经习惯在推出新产品之前，在市场调查之后，先找一些小市场做尝试，但却远没有像我国政府那样严谨和彻底。与外国人的观察刚好相反，我国并非他们说的什么威权主义，领导瞎指挥，我国所有重大决策都先由大批专家学者先做各种相关的调查研究，并参考外国的先进经验。中国也并非西方概念中那种中央集权，中央在开始时通常只是发出十分宽泛的政策目标，同时鼓励各地做不同的尝试，系统地设置多个试点，实验不同的模式，之后再总结经验，把政策细化，最后通过立法向全国推广。在此之上，短期尽量不触动既得利益，做增容改革，让更多人尝到改革的红利，进而支持改革，使反对者无机可乘。这些都是我国特有的"转变管理"的独一无二的成功做法，举世无双。

要应对转变的环境，离不开终身学习，"苟日新，日日新，又日新"。在西方，领导被称为最具智慧和能力的人，其功能之一是当导师，教导和指导下属。与世界其他国家的领导人不一样，我国中央政治局常委定期进行学习并到基层考察，这也是另外一种独一无二的中国特有做法。我国企业主管大都经常读书和考察，终身学习，被称为"儒商"，这是一种非正式的荣誉。这说明我们的文化尊重知识，尊重学习，"接地气"，认为领导只有通过不断学习和接触基层群众，才能不断接触最新、最现实和最前沿的知识，才能有效地恒常做出较为正确的决策，创新应对快速变化的环境。与之相比，在西方，管理人员高高在上，自以为是，整天坐在空调间里看文件，听报告，到了20世纪80年代才有视察管理（management by walking around）的提法。

在学习方面，中国人深知核心记忆对创新的重要性，因而坚持某些背诵是必须的。而西方教育却长期把创新与背诵对立起来看待，结果长期的跨国研究显示，西方学生经过 10 多年的基础教育之后，阅读、数学、科学等核心能力都大大不如中国学生，这证明了在学习中一定程度的纪律是必要的，单方面着重个性与自由无助于创新。西方已经承认他们的教育失败，正向我们靠拢，我们无须舍长取短，向失败者学习，轻视背诵记忆。

创新没有什么神秘的地方，只是一种环境、态度、习惯上的魔术组合。中国就有这种环境，中国人就有这种态度和习惯，中国人的创新能力长期被世界低估。但是事实证明，过去数千年的发明创造，大部分源自中国。至于应变能力，中国经历过 100 多年"三千年未有之变局"而后复兴，这一人类史上的奇迹已经雄辩地给出了答案。

20 | 中国管理学的缺陷和不足

在前面几章我们论证了人本企业氛围之下的优越性和人治的必然性。但如上所述，这一思路对人的伦理道德有很高的要求，而且"运用之妙，存乎一心"，很难有质量保障。从企业的角度看，它的外部有着各种制约，特别是法律和市场的制约，这是企业所必须面对的，而且通常无法左右。员工的表现能较客观地评核，上司弄权的空间较小，还会很容易立竿见影地招惹惩罚。但非经营性的机构，特别是党政机关，则纯粹是一个官僚系统，业绩往往是上司"说你行，你就行，不行也行；说你不行，你就不行，行也不行"，成员习惯了"唯上"，各级党政第一把手更往往独揽大权，无从监督制衡。

人治的结果是，国家权力最后集中在一个人身上：一方面，法治的口号喊得震天响；另一方面，权大于法，指鹿为马，司法不公，投诉无门，人民的人身自由、财产受到肆意侵犯等现象仍然比比皆是。① 今天的中国，不是要不要依宪执政的问题，而是如何将依法治国、依宪执政落在实处的问题。② 我们不迷信法治，但"无规矩不成方圆"，也绝不可低估规章制度等的重要性。如本书开始时介绍的，"管理"一词中的"管"，就是规范的意思。因此，在公共管理方面，我们除了不断在社会中推行伦常道德的规范、创造一个良好

---

① 参见 http://zhenhua.163.com/13/0627/11/92CF8GR6000464E2.html.
② 赵灵敏. 如何看待"宪政恐惧症". http://mag.chinareviewnews.com/crn-webapp/mag/docDetail.jsp?coluid=0&docid=102700170.

的社会氛围之外，更需要在制度上层层把关，设立各种客观的业绩指标和外部的监督制衡机制，不能太依靠人治。因此，本书的主要应用范围说到底还是企业管理，而不是公共管理。

人治的背后，假设着一个费孝通所说的我国传统乡土社会的"熟人社会"。"个人与家人之间的情分是'只有今生，没有来世'，因此必须讲'亲情''有情有义'；个人与熟人之间的情分是'大家乡里乡亲的，低头不见抬头见'，所以必须讲'人情'，讲'面子'；个人与陌生人之间没有情分或仅有'见面之情''一面之缘'，因此可以什么都不讲。"① 我们说的企业是员工的"东家"，人本企业的背景是"熟人社会"。

人本管理是在一个彼此互信程度颇高的环境之下，给予每个员工颇高的自主权和酌情权，让每个人的能力都有机会尽情发挥。社会心理学有名的"邓巴数字"显示，圈子之内的人数超过 150，维持稳定关系和有效沟通已就经不复可能。② 这当然不是一个死数，如加上现代科技手段，上升至 500 大概也不成问题，但始终会有一个颇为狭窄的极限。随着企业发展到了某一规模，员工与企业的关系，员工之间的关系，都免不了逐步疏离，慢慢退化为"半熟人社会"，最后沦为"陌生人社会"，那便再不能依靠彼此互信和高道德标准来管理，只有逐步依靠僵硬的法规和制度。人本管理像核融合一样，威力强大，但很难驾驭，把控不好便有失控的可能。如何在一个颇具规模的现代化大企业中实行人本管理，的确是一大挑战。本书所提倡的项目小组打法，就像现代战争中的特种部队打法一样，通过项目管理等手段，打破条条块块，把大企业的具体运营微型化，并智能地、有机地整合为灵活反应和适应的个体。这是对应方法之一，在西方也逐渐流行起来，但是还需要大量的实践去

---

① 陈柏峰. 乡土逻辑植根于熟人社会. http：//sspress. cass. cn/news/19378. htm.

② 参见 http：//www. theguardian. com/technology/2010/mar/14/my-bright-idea-robin-dunbar.

丰富和深化。此外，还有一大片未经探索的领域。

　　不少看过本书初稿的朋友都表示，本书只可能适合于中国中小型企业。我国文化特点虽然有其包容性，但从来不定于一家（儒家也只是官方表面上钦定，实际并非如此，民间从来都是杂家）。我国武术向来都有很多流派，并且不断推陈出新；佛教流传中土很快就出现很多宗派，光是禅宗，在六祖之后便"一枝分五叶"。可见，在一个自由人社会，在大家同意的基本原则之下，也可能出现各有所长的门派。本书当然只是一家之言，在某些特定环境之下会特别管用，这里阐述的大道理，都是国人所共通的。这里有非常浓烈的中国文化氛围，独特的世界观和价值观，外国人很难看懂，懂了也不信，信了也不通，应用起来会十分困难，就像我们尝试了解犹太人的经商之道一样。不过，我国文化博大精深，对事物看得比西方更加通透，许多方面比当前西方的管理学更具有普适性，如果以后现代的角度把它初步总结起来，我相信将来肯定会发挥全球性的影响，就如今天的中国功夫一样。

　　在一般人看来，人本管理是一个难以实现的理想主义管理模式，但是在理念上我们比较容易接受这一套，而且在革命实践中也证实了这一境界的存在和所能引发的力量。人类是要进步的，核能已经逐步被驾驭，同样道理，我们不能因噎废食，放弃证实先进和有效的人本管理，要知难而进，通过如从线上到线下联动（O2O）、虚拟社区、大数据分享等已知的先进科技，以及今后一日千里高速发展的科学技术，逐步完全掌握对目前来说还是艺术活的技巧。说到底，管理是人类反熵化的重要手段，是文明进步的根源之一，21世纪初发生的全球经济危机明显是西方管理失效的结果。我们千万不能让管理滞后成为下一阶段人类文明发展的瓶颈，作为世界大国，中国对人类文明进步的根本性技术要有所贡献。